Katja S. Schur

Leistungsorientierte Besoldung und Vergütung in der Kommunalverwaltung

Katja S. Schur

LEISTUNGSORIENTIERTE BESOLDUNG UND VERGÜTUNG IN DER KOMMUNALVERWALTUNG

ibidem-Verlag
Stuttgart

Bibliografische Information Der Deutschen Bibliothek

Die Deutsche Bibliothek verzeichnet diese Publikation in der Deutschen Nationalbibliografie; detaillierte bibliografische Daten sind im Internet über <http://dnb.ddb.de> abrufbar.

∞

Gedruckt auf alterungsbeständigem, säurefreien Papier
Printed on acid-free paper

ISBN: 3-89821-480-X

Printed in Germany

Vorwort

Diese Arbeit bietet dem interessierten Leser einen umfassenden Überblick über die Problematik der leistungsorientierten Besoldung und Vergütung in der Kommunalverwaltung. Sie skizziert meine Empfehlungen im Hinblick auf eine zukünftige Gestaltung. Mit der Aufbereitung des Themas ist für mich eine hohe Motivation verbunden, da bereits in meiner Ausbildungszeit in einer Kommunalverwaltung das zu untersuchende Thema von Relevanz war und die aktuell in den Medien diskutierte Weiterentwicklung der Dienstrechtsreform das Interesse an diesem Thema erneut intensiviert hat.

In diesem Zusammenhang möchte ich mich bei allen Interviewpartnern für die intensiven und interessanten Gespräche sowie den damit verbundenen Zeitaufwand bedanken. Des Weiteren gilt mein Dank allen Mitarbeitern, Experten und persönlich motivierten Helfern, welche mir zahlreiche Quellen genannt und aufschlussreiche Informationsmaterialien zur Verfügung gestellt haben und damit einen wertvollen Beitrag zu meiner Arbeit geleistet haben.

Ein ganz besonderer Dank gilt Herrn Prof. Dr. Hans-Jürgen Busse von der Hochschule Bremen, sowie Herrn Hans-Joachim Kück vom Amt für Soziale Dienste Bremen, die mich beide mit Gedankenanregungen vorbereitet und unterstützt haben.

Ebenso danken möchte ich zum Abschluss meiner Familie, meinem Freund sowie meinen Freunden für die Motivation und die entgegengebrachte Geduld.

Katja S. Schur

Inhaltsverzeichnis

Abbildungsverzeichnis

Tabellenverzeichnis

Abkürzungsverzeichnis

Art.	Artikel
Aufl.	Auflage
Bd.	Band
BesStrukG	Besoldungsstrukturgesetz
bspw.	beispielsweise
BMI	Bundesinnenministerium
BremLPZV	Durchführungshinweise zur Bremischen Leistungsprämien und -zulagenverordnung
BremPVG	Bremisches Personalvertretungsgesetz
BRRG	Beamtenrechtsrahmengesetz
BAT	Bundesangestelltentarifvertrag
BAT-O	Bundesangestelltentarifvertrag-Ost
BBG	Bundesbeamtengesetz
BBesG	Bundesbesoldungsgesetz
BHO	Bundeshaushaltsordnung
BLV	Bundeslaufbahnverordnung
BPersVG	Bundespersonalvertretungsgesetz
BRD	Bundesrepublik Deutschland
ca.	circa
DBB	Deutscher Beamtenbund
DDR	Deutsche Demokratische Republik
d. h.	das heißt
Dr.	Doktor
etc.	et cetera

evt.	eventuell
f.	folgend, folgende
ff.	fortfolgend, fortfolgende
ggf.	gegebenenfalls
FFG	Frauenfördergesetz
HGrG	Haushaltsgrundsätzegesetz
HLPZV	Hessische Verordnung über die Gewährung von Prämien und Zulagen für besondere Leistungen
Hrsg.	Herausgeber
Jg.	Jahrgang
KGSt	Kommunale Gemeinschaftsstelle für Verwaltungsvereinfachung
KAV NW	Kommunaler Arbeitgeberverband Nordrhein-Westfalen
LK	Landkreis
LStuV	Leistungsstufenverordnung
Matr.-Nr.	Matrikel-Nummer
MbO	Management by Objectives
NdsPersVG	Niedersächsisches Personalvertretungsgesetz
NLPZVO	Niedersächsische Verordnung über die Gewährung von Prämien und Zulagen für besondere Leistungen
NPM	New Public Management
NRW	Nordrhein-Westfalen
NSM	Neues Steuerungsmodell
Nr.	Nummer
o. V.	ohne Verfasser
ÖPNV	Öffentlicher Personennahverkehr
Prof.	Professor

TV-L	Rahmentarifvertrag über die Grundsätze zur Gewährung von Leistungszulagen und Leistungsprämien
S.	Seite(n)
SchwbG	Schwerbehindertengesetz
SfAFGJS	Senator für Arbeit, Frauen, Gesundheit, Jugend und Soziales
SGB VI	Sozialgesetzbuch VI
TV-LZ/LP-LSA	Tarifvertrag zur Gewährung von Leistungszulagen und Leistungsprämien in kommunalen Verwaltungen und Betrieben im Lande Sachsen-Anhalt
TV-l NW	Tarifvertrag über die Gewährung von Leistungsprämien im Bereich des KAV NW
u. a.	unter anderem / und andere
usw.	und so weiter
ver.di	Vereinte Dienstleistungsgewerkschaft
VKA	Vereinigung kommunaler Arbeitgeberverbände
vgl.	vergleiche
VergTV	Vergütungstarifvertrag
VKA	Vereinigung der kommunalen Arbeitgeberverbände
www	world wide web
z. B.	zum Beispiel
z. T.	zum Teil

1 Einleitung

Die Kommunalverwaltung in Deutschland befindet sich in einem umfassenden Wandlungsprozess. Im Sinne des Neuen Steuerungsmodells (NSM) wird die Kommunalverwaltung von der reinen Regelbefolgung hin zur Wirkungsorientierung geführt. Vieles wurde dabei auf der Ebene von Struktur und Strategie bereits verändert, z. B. Personalverwaltung änderte sich in Personalmanagement.[1] Neue Ziele, bspw. die Förderung der Handlungs- und Arbeitsmarktfähigkeit, zunehmendes Kosten- und Qualitätsbewusstsein sowie eine vermehrte Kundenorientierung, wurden formuliert und z. T. schon umgesetzt.[2] Der Leistungsgedanke gewinnt zunehmend an Bedeutung, auch in der Kommunalverwaltung.[3] Die Honorierung von subjektiver Leistung ist in der Privatwirtschaft bereits etabliert. In der Kommunalverwaltung ist in den letzten Jahren zu beobachten, dass individuelle Leistung vermehrt mit monetären Anreizen honoriert wird. Der in der Kommunalverwaltung in den letzten Jahren stattgefundene und immer noch stattfindende Wandel kann als Grundlage zur Leistungsorientierung gesehen werden.[4]

Bevor eine historische Einführung zu Besoldung und Vergütung in der Kommunalverwaltung das Hauptthema einleitet, werden in Abschnitt 2 begriffliche und theoretische Grundlagen, wie Kommunalverwaltung in Deutschland, Personaleinsatz und Anreizsysteme, kurz dargestellt. Des Weiteren wird der Begriff Leistung erläutert sowie auf das Problem der Leistungsmessung eingegangen. Dieser Abriss ist vonnöten, da das Hauptthema der vorliegenden Studie nur einen kleinen Teil eines ausgewogenen Anreizsystems umfasst.

Fragen zur „Organisation" (Aufbau- und Ablauforganisation, Bildung von Teams u. a. m.) werden in dieser Arbeit nicht vertieft. Außerdem werden Berührungspunkte zu anderen personalwirtschaftlichen Themengebieten, wie Motivationstheorien, in dieser Studie nur am Rande erwähnt und sind somit nicht Untersuchungsgegenstand. Um

[1] Vgl. KGSt-Bericht 6/1996, Personalentwicklung im NSM, S. 7.

[2] Vgl. Grunow, D., Leistungsverwaltung: Bürgernähe und Effizienz, 1998, S. 405.

[3] Vgl. Wind, F.; Schimana, R.; Wichmann, M., Öffentliches Dienstrecht, 1998, S. 21 u. 182 sowie vgl. KGSt-Bericht 3/1999, Leistungsermittlung, S. 16ff..

[4] Vgl. Mezger, E., Was leisten Leistungsanreize?, 2002, S. 4.

jedoch einen umfassenden Überblick über die Einordnung des Anreizes leistungsbezogener Besoldung und Vergütung gewinnen zu können, ist es notwendig, auch eine kurze Einordnung in die allgemeinen Anreizsysteme der öffentlichen Verwaltung darzustellen. Auf die Anreizsysteme der Privatwirtschaft, individuell oder auch kollektiv, wird dabei nur sehr bedingt eingegangen, da der Fokus dieser Studie auf den individuellen, leistungsbezogenen, monetären Besoldungs- und Vergütungskomponenten liegt.

Die Arbeit hat einerseits das theoretische Ziel, den heutigen Wissensstand über leistungsorientierte Besoldung und Vergütung in Kommunalverwaltungen aufzubereiten, und andererseits das praktische Ziel, einen Beitrag zu leisten zur verbesserten Anwendung dieser Art des Anreizes in Kommunalverwaltungen. Obwohl es bei diesem Thema um ein neueres Element des Verwaltungshandelns, die Personalerhaltung, geht, wird auf potentielle Schnittstellen zum Thema, bspw. Personalgewinnung, nicht näher eingegangen.[5] Dies ist für eine ausführliche Untersuchung des Themas nicht vonnöten. Ineffizienzen bei Prozessen werden nur bedingt untersucht.

Für die theoretische Herleitung des Themas, wie auch der Darstellung der Praxisbeispiele wird eine umfangreiche Dokumentenanalyse herangezogen. Die für alle Beamten geltenden rechtlichen Grundlagen sind den Bundesgesetzen entnommen, Spezifika für die jeweilige Kommunalverwaltung sind von Kommunen oder Ländern zur Verfügung gestellt worden. Tarifverträge sowie arbeitgeberbezogene Abmachungen wurden ebenfalls herangezogen. Darüber hinaus werden Zwischenberichte, Gesetze, Verordnungen u. a. m. verwendet. Zusätzlich genutzt werden erwähnte Internetberichte, obwohl der Autorin bewusst ist, dass darunter die Wissenschaftlichkeit der Arbeit leiden kann, was jedoch durch die Aktualität der Texte weitgehend kompensiert wird.

Die mit Hilfe der Literatur- und Dokumentenanalyse gesammelten Erkenntnisse werden zusätzlich durch qualitative Expertengespräche, durch Organisierende, Planende und betroffene Mitarbeiter, vertieft und konkretisiert. Bedürfnisse für künftige Leistungsbezüge werden dadurch dargestellt und analysiert.

---

[5] Vgl. KGSt-Bericht 6/1996, Personalentwicklung im NSM, S. 7.

Im Abschnitt 3 werden die Kernelemente herausgearbeitet und mittels wichtiger Vertreter aus relevanter Literatur erörtert. Potentielle Konformitäten oder Diskrepanzen sollen dadurch dargestellt werden. Dabei geht es um die theoretische Herleitung, Darstellung und Evaluation der momentan angewandten Regelungen anhand einer theoretischen Literaturrecherche.

Anschließend werden in Abschnitt 4 Implementierungsbeispiele, bestehend aus der Darstellung von Erfahrungen und Erkenntnissen in Kommunen, aufgezeigt. Mehrere Expertenbefragungen, wie auch Gespräche mit betroffenen Mitarbeitern[6], sollen die aus theoretischen Grundlagen gewonnenen Erkenntnisse untermauern bzw. widerlegen. Ziel ist, mittels Praxisbeispielen die positiven, aber auch negativen Konsequenzen darzulegen.

Die theoretisch eruierten Erkenntnisse aus der Literaturanalyse werden mit den empirischen Feststellungen in Abschnitt 5 verknüpft und analysiert. Es werden damit bestehende Mängel aufgezeigt und Gestaltungsempfehlungen genannt. Die Verfasserin wird hierbei u. a. bei der Diskussion von Leistungsfaktoren in Besoldung und Vergütung auf die bestehenden Beurteilungssysteme eingehen um aufzuzeigen, dass diese Prozesse einer ständigen Anpassung an die aktuellen Bedürfnisse unterliegen. Daneben wird die Zielvereinbarung in diesem Zusammenhang erörtert und als ein weiterer möglicher Optimierungsansatz im System der leistungsbezogenen Besoldung und Vergütung in Kommunalverwaltungen vorgestellt. Insgesamt wird geprüft, ob Leistungsorientierung in Besoldung und Vergütung in Kommunalverwaltungen mit den momentanen Gegebenheiten erreichbar und das Verhältnis von Aufwand zu Nutzen dem Ziel entsprechend gewichtet ist.

Die Evaluation dieser Fragestellungen mündet in Abschnitt 6, der Schlussbetrachtung über die Anwendung von monetären Leistungsanreizen in Besoldung und Vergütung in Kommunalverwaltungen. Hierbei wird ein Rückblick auf die gewonnenen Erkenntnisse gegeben und ein Ausblick auf mögliche zukünftige Entwicklungen dargelegt. Dies kann auch als Lösungsansatz für andere öffentliche Verwaltungen mit vergleichbaren Rahmenbedingungen dienen.

---

[6] Mitarbeiter, Politiker, Bürger, Kunden, Beamte, Angestellte, Arbeitnehmer implizieren die Verwendung der weiblichen und männlichen Form.

2 Begriffliche und theoretische Grundlagen

Um für das Thema dieser Studie entscheidende Grundlagen voraussetzen zu können, werden unter diesem Abschnitt potentielle Schnittstellen und Sachverhalte, die für das Thema von Belang sind oder sein können, aufgezeigt und ggf. näher dargelegt.

2.1 Die Kommunalverwaltung in Deutschland

Die Grundsätze des organisatorischen Aufbaus des Staates und der Verwaltung in der Bundesrepublik Deutschland regelt Art. 20 GG. In Art. 20 I und II GG ist festgeschrieben, dass die Grundsätze der Gewaltenteilung wie auch das Bundesstaatsprinzip gewährleistet sein müssen.

Als elementar kann die Unterscheidung der öffentlichen Institutionen in öffentliche Verwaltung und wirtschaftliche Institutionen mit einem öffentlich-rechtlichen Träger (Eigenbetriebe, GmbH, AG, Anstalten, Stiftung, Zweckverbände etc.) bezeichnet werden. Beide sind als Träger der öffentlichen Wirtschaft zu bezeichnen. Jedoch zeichnen sie unterschiedliche Eigenschaften aus. Für die Studie wird eine strikte Trennung vorgenommen. Die nachfolgende Untersuchung bezieht sich ausschließlich auf die reine Kommunalverwaltung. Kommunale Eigenbetriebe u. ä. werden daher in die Betrachtung nicht mit einbezogen. In der Literatur werden öffentliche Verwaltungen und öffentliche Betriebe aufgrund ihrer Gemeinsamkeiten häufig unter dem Begriff „öffentliche Institutionen“ zusammengefasst und damit als gleich angesehen, jedoch gibt es auch gegenteilige Meinungen.[7] U. a. ist Reichard der Auffassung, dass öffentliche Verwaltungen und öffentliche Betriebe mehr Unterschiede als Gemeinsamkeiten haben. Er ist der Ansicht, dass öffentliche Verwaltungen ein Instrument der Ordnungspolitik sind, allerdings sieht er sie nicht als neutral und unpolitisch an. Zu dieser Annahme kommt er, weil viele Verknüpfungen mit Legislative und Parteien vorhandnen sind und sie damit einen Teil des politisch-administrativen Systems darstellen.[8] So sieht auch Chmielewicz, dass somit die Anordnungskompetenzen da-

---

[7] Vgl. Reichard, C., Betriebswirtschaftslehre der öffentlichen Verwaltung, 1987, S. 20 und vgl. Kritik dazu in Brede, H., betriebswirtschaftliche Theorie der öffentlichen Verwaltung, 1992, S. 112, 120.

[8] Vgl. Reichard, C., Betriebswirtschaftslehre der öffentlichen Verwaltung, 1987, S. 3.

durch stärker ausgeprägt sind als bei öffentlichen oder privaten Betrieben.[9] Private Unternehmungen haben u. a. das Ziel der Selbstfinanzierung, welches öffentliche Verwaltungen nicht haben. Um diese Unterscheidung noch deutlicher darzustellen, ist Anlage 1 eingefügt worden. Hier findet sich ein hilfreiches Instrumentarium zur Abgrenzung von öffentlichen Verwaltungen, öffentlichen Unternehmen und privaten Unternehmen .

Die verschiedenen Verwaltungsorgane sind die Träger der öffentlichen Verwaltung, welche Gemeinwohlaufgaben wahrnehmen und daher dienen sie nicht dem Selbstzweck. Allgemein sind Verwaltungen in Deutschland Instrumente zur Erfüllung und Umsetzung der Ordnungs- und Leistungspolitik. Sie haben den über alles stehenden Auftrag, das Wohl der Einwohnerinnen und Einwohner zu fördern. Die Gliederung der deutschen öffentlichen Verwaltung nach Trägern führt zur Unterscheidung in Bundes-, Landes- und Kommunalverwaltung.[10] Diese Unterscheidung wird als Differenzierung in Gebietskörperschaften bezeichnet.[11] Die Kommunalorgane Deutschlands setzten sich 2003 aus 13.844 Gemeinden, 323 Landkreisen als Gemeindeverbände sowie 117 kreisfreien Städten zusammen, in denen Gemeinden und Kreise zusammenfallen. Etwa 33% der Bevölkerung wohnten in kreisfreien Städten und ca. 66% der Menschen in Landkreisen und kreisfreien Gemeinden. Als einziges Bundesland bietet Rheinland Pfalz eine dritte kommunale Ebene in Form von sieben Bezirken an, die kommunale Leistungen anbieten. Landkreise werden u. a. tätig, wenn einzelne Gemeinden zu schwach für Aufgabenerfüllungen werden und eine übergeordnete Aufgabenerfüllung, wie z. B. durch ein Gesundheitsamt, sinnvoller erscheint.[12]

Kommunen unterliegen Aufsichtsorganen. Im Falle der Wahrnehmung von Staatsaufgaben sind sie an die Weisungen der jeweiligen Landesbehörde gebunden. Bei Aufgaben im übertragenen Wirkungskreis werden staatliche Kontrollbefugnisse in Form von Fachaufsicht durch die Landräte über den Weg der Organleihe eingeräumt.

---

[9] Vgl. Chmielewicz, K., Anmerkungen zur öffentlichen Betriebswirtschaftslehre, 1985, S. 27.

[10] Vgl. Lasar, A., Dezentrale Organisation in der Kommunalverwaltung, 2001, S. 73.

[11] Vgl. Lasar, A., Dezentrale Organisation in der Kommunalverwaltung, 2001, S. 73.

[12] Vgl. Kost, A.; Wehling, G.-G., Kommunalpolitik in den Deutschen Ländern, 2003, S. 14-16 und vgl. Andersen, U.; Woyke, W., Handwörterbuch des politischen Systems Deutschlands, 1997, S. 174f. sowie Lasar, A., Dezentrale Organisation in der Kommunalverwaltung, 2001, S. 73f..

Jedoch ist die kommunale Selbstverwaltungsgarantie in Art. 28 II GG begründet.[13] Hierin ist festgeschrieben, dass neben der Gebiets-, Rechtsetzungs-, Personal-, Abgaben- und Finanzhoheit die Organisationshoheit eine der klassischen Hoheitsrechte ist. Daraus ist erkennbar, dass die Kommunen zuständig sind für jegliche Sachverhalte mit örtlichem Bezug. Dies kann unter dem Begriff der Allzuständigkeit zusammengefasst werden.[14] Zu kommunalen Aufgaben zählen daher hauptsächlich die Bauverwaltung (u. a. die Stadtplanung, Straßenbau) und die sozialen Dienste (u. a. Kindergärten, Sportstätten) sowie die Ordnungsverwaltung. Aufgaben wie die Abfallentsorgung sowie die Gas-, Wasser-, Elektrizitäts- und Fernwärmeversorgung der Einwohner werden heute meist durch privatrechtlich organisierte Betriebe wahrgenommen, unterliegen aber den Pflichten von Kommunen.[15] Die kommunalen Aufgaben können in Selbstverwaltungsaufgaben sowie in staatliche Aufgaben unterschieden werden, wobei eine klare Trennung nicht mehr möglich ist, da auch in der Verwaltungspraxis nicht mehr getrennt wird.[16]

Bedingt durch die alleinige Zuständigkeit der Länder für ihre Kommunen gemäß Art. 30 i.V.m. Art. 70 GG sind große Unterschiede in den Kommunalverfassungen möglich. Daher erscheint die potentielle Annahme zulässig, dass jedes Land seine eigene Kommunalverfassung hat und diese nur mit Einschränkungen denen der jeweils anderen Bundesländer gleicht. Ein weiterer Unterschied in der Kommunalpolitik kann durch die jeweilige Größe der Gemeinde als wichtiges unbeständiges Element bezeichnet werden.[17]

Anspruchsgruppen an die Kommunalverwaltung sind Bürger, Politiker, Mitarbeiter, Kunden wie Betroffene, Vereine, Verbände, Interessengruppen etc.

---

[13] Vgl. Rau, T., Betriebswirtschaftslehre für Städte und Gemeinden, 1994, S. 51 und vgl. Lasar, A., Dezentrale Organisation in der Kommunalverwaltung, 2001, S. 75.

[14] Vgl. Stucke, N.; Schöneich, M., Organisation der Stadtverwaltung, 1998, S. 411 und vgl. Andersen, U.; Woyke, W., Handwörterbuch des politischen Systems Deutschlands, 1997, S. 173.

[15] Vgl. BMI, Der öffentliche Dienst in Deutschland, 2002, S. 26 und vgl. Lasar, A., Dezentrale Organisation in der Kommunalverwaltung, 2001, S. 74.

[16] Vgl. Kost, A.; Wehling, H.-G., Kommunalpolitik in den Deutschen Ländern, 2003, S. 17.

[17] Vgl. Kost, A.; Wehling, H.-G., Kommunalpolitik in den Deutschen Ländern, 2003, S. 8 und S. 15.

2.1.1 Wandel in der Kommunalverwaltung

Bereits im Jahre 1979 legte die KGSt hierzu ein Modell vor, jedoch nur über das zum damaligen Zeitpunkt Aktuelle. Die Kommunen wurden zu einem ersten Umdenken veranlasst, bedingt durch den voranschreitenden Prozess der zunehmenden Bürgeransprüche an Verwaltungsleistungen in Qualität und Quantität. Ebenso wirken die Konkurrenz der Parteien bzgl. Aufgaben, die noch nicht unter staatlicher Hoheit standen sowie die Erweiterung des Handlungs- und Aufgabenspektrums der Kommunen und die damit einhergehenden Engpässe finanzieller, organisatorischer und personeller Art zu Reformansätzen. Folgerichtig wurden durch die 1974 um sich greifende Wirtschafts- und Finanzkrise erste Reformansätze der 70er und 80er Jahre auch in Deutschland erkennbar, jedoch ohne dass daraus eine breite Reformbewegung entstand. Allerdings haben einzelne Kommunen bereits Mitte der 80er Jahre Reformbewegungen angestrengt, deren Inhalte heute zum Teil Bestandteil der breit angelegten Verwaltungsmodernisierung sind.[18] In den 90er Jahren hatte die Reformbewegung der Verwaltungssysteme einen markanten Höhepunkt erreicht. Diese Reformbewegung basierte auf den Erfahrungen und Erkenntnissen des Auslands, vor allem auf denen der Niederlande, Neuseelands, Großbritanniens, den USA und Dänemarks.[19] In deutschen Kommunen waren es die immer offenkundiger werdenden Defizite und Mängel, die die konventionellen Verwaltungsorganisationen in Frage stellten und die Rufe nach Veränderung unüberhörbar machten.[20] Hauptantriebsgrund war die Übertragung von Aufgaben durch Bund und Länder an Kommunen ohne die Bereitstellung von finanziellen Mitteln, was unüberbrückbare Haushaltsdefizite zur Folge hatte. Zusätzlich war ein erhebliches Ansteigen an Soziallasten zu registrieren, was einerseits durch die Wiedervereinigung der ehemaligen Deutschen Demokratischen Republik (DDR) mit der Bundesrepublik Deutschland (BRD) bedingt war, damit einhergehend aber auch durch das allgemeine Anwachsen von Arbeitslosenzahlen.[21] Außerdem wurde deutlich, dass sowohl hergebrachte Organisationsstrukturen als

---

[18] Vgl. Stucke, N.; Schöneich, M., Organisation der Stadtverwaltung, 1998, S. 415, 418-419 und vgl. Reichard, C., Umdenken im Rathaus, 1995, S. 20.

[19] Vgl. Budäus, D.; Eichhorn, P., Public-Private-Partnership, 1997, S. 68f. und vgl. Stucke, N.; Schöneich, M., Organisation der Stadtverwaltung, 1998, S. 421f..

[20] Vgl. Hopp, H.; Göbel, A., Management in der öffentlichen Verwaltung, 1999, S. 17ff..

[21] Vgl. Stucke, N.; Schöneich, M., Organisation der Stadtverwaltung, 1998, S. 420.

auch das regel- und normgebundene Verhalten von Mitarbeitern in Kommunalverwaltungen, welches keine Flexibilität zuließ, dem wirtschaftlichen Aspekt nicht Rechnung trugen und damit z. T. sehr hohe zusätzliche Kosten verursacht wurden.

Um die enormen Defizite in den kommunalen Haushalten zu kompensieren, erhöhten viele Kommunen zusätzlich ihre Gebührensätze. Durch die verstärkte Leistungsverwaltung und dadurch zwangsläufig vermehrten Gebühreneinzüge durch Kommunen wurde das negative Bild von Verwaltungen, die nicht auf die Kosten schauen, noch verstärkt.[22] Die einzelnen Elemente, die im Endeffekt unter dem englischen Begriff New Public Management (NPM) bzw. dem deutschen Begriff Neues Steuerungsmodell zusammengefasst werden, sollten nicht als Modell zur kurzfristigen Beseitigung von Finanzkrisen gesehen werden. Jedoch unterstützt es den verantwortungsvollen Umgang mit Ressourcen.[23]

Die KGSt hat das Gesamtkonzept für die deutsche Modernisierung der Kommunalverwaltungen in ihrem Bericht Nr. 5 im Jahr 1993 vorgelegt. Dieser beinhaltet vor allem die klare Aufgaben- und Verantwortungsabgrenzung zwischen Politik und Verwaltung, was auch unter dem Begriff des Kontraktmanagements bekannt ist. Des Weiteren sind Ansätze wie die Führung durch klare Absprachen und Vereinbarungen, bekannt unter dem Begriff Zielvereinbarungen, starke Outputsteuerung, Budgetierung[24] und damit einhergehend Controlling, Personalmanagement anstelle von Personalverwaltung, erhöhte Qualitätskontrolle und verstärkte Wettbewerbsorientierung enthalten.[25] Weiterhin ist die dezentrale Organisation ein markantes Element, d. h. die

---

[22] Vgl. Stucke, N.; Schöneich, M., Organisation der Stadtverwaltung, 1998, S. 420.

[23] Vgl. Banner, G., Brief des Vorstandes der KGSt an die Verwaltungschefs, Finanzdezernenten, Organisationsdezernenten der KGSt-Mitgliedsstädte, -gemeinden und –kreise, 30.10.1992, S. 2; vgl. Reinermann, H., Neues Politik- und Verwaltungsmanagement, 2000, S. 23ff. und vgl. Lasar, A., Dezentrale Organisation in der Kommunalverwaltung, 2001, S. 78ff..

[24] Vgl. KGSt-Bericht 9/1997, Steuerung kommunaler Haushalte, S. 12f..

[25] Vgl. KGSt-Bericht 5/1993, Das Neue Steuerungsmodell, S. 10f.; vgl. Hopp, H.; Göbel, A., Management in der öffentlichen Verwaltung, 1999, S. 35ff.; vgl. Thom, N.; Ritz, A., Public Management, 2000, S. 21; vgl. Landesregierung des Landes NRW, Bericht der Regierungskommission zur Reform der Verwaltung (Kurzform), 2003. S. 4f.; vgl. Reichard, C., Umdenken im Rathaus, 1994, S. 39 sowie vgl. Landesregierung des Landes NRW, Bericht der Regierungskommission zur Reform der Verwaltung (Langform), 2003, S. 16, 38ff..

Bemühung um eine aufgabennahe und personennahe Kommunalverwaltung sollte stattfinden und zwar nicht nur auf der Ebene der Führung.[26]

Einen wesentlichen Beitrag zur Definierung der Hauptmodernisierungsbereiche leistete auch der Deutsche Städtetag. Auf seiner Hauptversammlung im Jahr 1993 konnte er die Eckpfeiler nach vielen Beratungen beziffern und die Reformnotwendigkeiten herausstellen. Der Deutsche Städtetag hob u. a. die Veränderungen im Hauhalts- und Rechnungswesen, den neu zu entwickelnden Personal- und Organisationsbereich, den Bereich der kommunalen Beteiligungen sowie das Verhältnis von Rat und Verwaltung als sehr bedeutsam heraus. Auch hier wurde erkannt, dass es sich nicht um kurzfristige Einsparungen handeln konnte, sondern es um einen lang andauernden Prozess ging.[27] Verwaltungsreformen in Kommunen sollten nach Möglichkeit in einem zweistufigen Verfahren vonstatten gehen. Im ersten Schritt ist eine Binnenmodernisierung nötig und im Anschluss daran die Verbesserung der Außenbeziehungen zu Einwohnern. Dies zeigt sich u. a. in einer Verkürzung von Bearbeitungszeiten, der Einführung von kundenfreundlicheren Öffnungszeiten, der fachkompetenten, schnellen und trotzdem freundlichen Behandlung von Kunden, dem Einführen einer nachvollziehbaren und nach innen und außen verständlichen Behördensprache, der Einführung von Ideen- und Beschwerdemanagement, Maßnahmen zur Qualitätssicherung sowie Bürgerumfragen.[28] Jedoch ist in diesem Zusammenhang anzumerken, dass diese Elemente auch zu einer Reduzierung der öffentlichen Verwaltung auf wirtschaftliche Begriffe geführt haben.[29] Durch die verstärkte Einführung von messbaren Kriterien bzw. durch die Reduzierung auf ökonomische und quantitativ messbare Kennzeichen sind nicht nur Vorteile für die Dienstleistungsnehmer der Kommunalverwaltungen einhergegangen, da zum Teil qualitative Merkmale aktuell nicht immer die erforderliche Beachtung erhalten. Dabei wird die neue Art der verstärkten Leistungs- und Wirkungsmessung im öffentlichen Sektor, besonders durch die Messung in Kommunalverwaltungen, grundsätzlich als positiv empfunden und bewertet, da

---

[26] Vgl. Lasar, A., Dezentrale Organisation in der Kommunalverwaltung, 2001, S. 9f.und 53.

[27] Vgl. Thom, N.; Ritz, A., Public Management, 2000, S. 24ff. und vgl. Stucke, N.; Schöneich, M., Organisation der Stadtverwaltung, 1998, S. 422.

[28] Vgl. Budäus, D.; Eichhorn, P., Public-Private-Partnership, 1997, S. 69 und vgl. Stadt Uelzen, o. V., Dokumentation über die Einführung neuer Steuerungsinstrumente, 20.04.2000, S. 17 sowie vgl. Lasar, A., Dezentrale Organisation in der Kommunalverwaltung, 2001, S. 90f..

[29] Vgl. König, K., „Neue“ Verwaltung oder Verwaltungsmodernisierung, 1995, S. 350.

hiermit ein verstärkter interner und externer Wettbewerb eingeleitet wurde. Das NSM erreichte somit eine grundlegende Wende in der Kommunalverwaltung. Das bedeutet, dass Tätigkeiten von und in der Kommunalverwaltung bürgerorientiert sind durch Verwaltungseinheiten mit großer Eigenverantwortung und größtmöglichem Handlungsspielraum in einer übersichtlichen Kostenstruktur sowie im Wettbewerb mit anderen Anbietern. Damit ist ersichtlich, dass es nicht nur um die Neuausrichtung von Instrumenten und Methoden, sondern auch um eine tief greifende Veränderung von Organisationsstrategien, -strukturen und –kulturen geht. Daher liefert das NSM die führungstechnisch-organisatorische Grundlage für das Dienstleistungsunternehmen Kommunalverwaltung. Empfehlungen von der KGSt oder auch dem Deutschen Städtetag für die weitere Modernisierung sind aus diesem Grund stets aus der Absicht des Schaffens von Dienstleistungsunternehmen abgeleitet.[30]

Von Mitarbeitern wurde und wird in diesem Prozess ein hohes Maß an Flexibilität und Bereitschaft zur Qualifizierungsanpassung verlangt. Lange eingeübte und praktizierte Arbeitsweisen waren und sind aufzugeben, neue zu erlernen und anzuwenden. Ob die Wirkungen, die durch die Reformen eintraten, die von den Kommunen erhofften sind, soll in der vorliegenden Studie nicht diskutiert werden. Die Meinung des am verwaltungswissenschaftlichen Institut in Speyer Lehrenden Reinermann, sollte Anlass zum Nachdenken sein. Er bezweifelt, ob gesetzte Ziele wirklich dem entsprechen, was erhofft wurde, dabei nimmt er nicht Bezug auf Statistiken. Was er feststellt, sind z. T. verfassungswidrige Haushalte, die in einem schlechten Zustand sind, wobei Investitions- wie auch Personalausgaben viel zu hoch sind. Dabei ist zusätzlich eine zunehmende Demotivierung des Personalbestandes zu sehen, da über Gehaltskürzungen die schlechte Haushaltspolitik wettgemacht werden soll. Zusätzlich bewertet er die Meinung des Bürgers, die besagt, dass nach wie vor die Regeldichte und die Abgaben- und Steuerlast zu hoch sind. Abschließend stellt Reinermann fest, dass die Einführung von Instrumenten des NSM nicht gleichzusetzen sei mit dessen Erfolg.[31] Daher ist wohl ersichtlich, dass noch sehr viel Arbeit auf jede einzelne Kommune zukommt. Laut Reinermann müsse erreicht werden, dass mit der begonnenen Transparenz bei der Verwendung öffentlicher Ressourcen die Bearbei-

---

[30] Vgl. KGSt-Bericht 10/1995, NSM-Erste Zwischenbilanz, S. 9.

[31] Vgl. Reinermann, H., Verwaltungsmodernisierung mit NPM, 2002, S. 8f. sowie vgl. http://www.bmi.bund.de/frame/dokumente/Artikel/ix_95074.htm, 15.06.2004.

tung von öffentlichen Angelegenheiten zu einem vermehrten Interesse bei den Bürgern führt. Dieses müsse dann zu einer Bürgerbeteiligung führen, so dass es vermehrt zu einer Input-Regierung in Kommunen kommt und sich jeder einzelne Bürger mit dem Handeln seiner Kommune identifizieren kann.[32] Dieser in den letzten Jahren in deutschen Kommunalverwaltungen vorangeschrittene Wandel kann als die Grundlage für die Veränderungen in Besoldung und Vergütung in Kommunalverwaltungen betrachtet werden.

2.1.2 Personalentwicklung in der Kommunalverwaltung

Beim eben angesprochenen Reformprozess und dem damit verbundenen Wandel in der Kommunalverwaltung ist die Implementierung von betriebswirtschaftlichen Zielen genauso wichtig wie die gezielte Entwicklung des Personals.[33] Diese sollte aus Sicht des Arbeitgebers und des Mitarbeiters geschehen, wobei die Ziele sich nicht zwanghaft widersprechen, sondern durchaus kongruent sein können. Bundesinnenminister Otto Schily stellt die Personalentwicklung neben das Effizienz- und Effektivitätsstreben sowie den Servicegedanken als eines der vier Ziele der Modernisierung dar.[34] Bei der Personalentwicklung ist es bedeutsam, dass die Leistungs- und Kreativitätspotentiale eines jeden Mitarbeiters voll zur Entfaltung gebracht werden. Führungskräfte haben dabei die Aufgabe, den permanenten Wandel zu steuern, zu fördern und zu begleiten.[35]

Wichtig wird im Rahmen der Personalentwicklung die Frage der Mitarbeiterqualifizierung. Hier spielen die veränderten Anforderungen eine herausragende Rolle. Des Weiteren ist von Bedeutung wie Mitarbeiter in den Kommunalverwaltungen „gehalten“ werden können, und wie sie der Identifizierung mit dem Dienstleistungsbetrieb

---

[32] Vgl. Reinermann, H., Modernisierung von Staat und Verwaltung, 2003, S. 332 und vgl. Lasar, A., Dezentrale Organisation in der Kommunalverwaltung, 2001, S. 90f.

[33] Vgl. KGSt-Bericht 6/1996, Personalentwicklung im NSM, S. 7.

[34] Vgl. www.bmi.bund.de, 17.06.2004; vgl. Hopp, H.; Göbel, A., Management in der öffentlichen Verwaltung, 1999, S. 245ff. und vgl. Rau, T., Betriebswirtschaftslehre für Städte und Gemeinden, 1994, S. 237ff..

[35] Vgl. KGSt-Bericht 6/1996, Personalentwicklung im NSM, S. 13 und vgl. Schedler, K., Anreizsysteme in der öffentlichen Verwaltung, 1993, S. 191.

näher gebracht werden können.[36] Dabei sind vor allem Anreize vonnöten. Hierzu wird jedoch mehr im Abschnitt Anreizsystem in der Kommunalverwaltung erläutert.

Gerade von den Kommunen erwartet der Bürger sehr viel, weil sie für ihn vor Ort tätig sind. Bisher wurden dessen ungeachtet in den meisten Kommunen die Teile der Personalentwicklung, die aus betriebswirtschaftlichen Konzeptionen bekannt sind und angewandt werden, nicht unter dieser Bezeichnung verwandt. Jedoch wurden sie seit geraumer Zeit durchgeführt. Wirft man einen Blick in beamtenrechtliche Vorschriften, ist dort ersichtlich, dass für Beamte Beurteilungen in einem bestimmten Ausmaß gesetzlich geregelt sind. Trotzdem ist der Umfang von Personalentwicklungs-Konzeptionen meist nicht ausreichend, ebenso ist eine mangelnde Umsetzung zu registrieren.[37]

Festzustellen ist, dass Konzepte zur Pflege des kommunalen Personals meist als Basispunkte Mitarbeitergespräche[38], Zielvereinbarungen und Beurteilungen durch Vorgesetzte enthalten. Ohne grundlegende Gesetzes- und Tarifanpassungen an die veränderte Umwelt ist es jedoch nicht möglich, die Kommunalverwaltungen langfristig umzurüsten, daher ist u. a. ein der Umwelt angepasstes, modernes Dienstrecht vonnöten. Dieses muss die Aufgabe haben, die Mitarbeiter zum eigenverantwortlichen Handeln zu bewegen und sie dem Leistungsprinzip noch weiter zuzuführen.[39] Gemäß Reichard und Ahrens ebenso Lotzkat sind unter Personalentwicklungsmaßnahmen für Beschäftigte im öffentlichen Dienst Beurteilungen, Fortbildungen, Verwendungsplanungen, Versetzungen und Beförderungen zu verstehen.[40] Damit schließen sie sich der allgemeinen Meinung an, was unter Personalentwicklungsmaßnahmen zu verstehen ist. Wie aber bereits analysiert, werden diese genannten Maßnahmen oftmals in

---

[36] Vgl. Fedrow, T., Personalentwicklung ist Basis für Veränderungsprozesse, 2004, S. 28.

[37] Vgl. Ahrens, A; Lotzkat, P., Den Erfolg von Personalentwicklung messen und bewerten, 1996, S. 93.

[38] Vgl. KGSt-Bericht 2/2002, Das Mitarbeitergespräch in der Praxisbewährung, S.9; vgl. Hopp, H.; Göbel, A., Management in der öffentlichen Verwaltung, 1999, S. 205 und vgl. Kreisverwaltung Soest, Personalenwicklungskonzept für 2004, S. 13.

[39] Vgl. BMI, Der öffentliche Dienst in Deutschland, 2002, S. 38f.; vgl. Studenroth, S., Zeitlich begrenzte Ernennungen im Beamtenrecht, 1997, S. 216 und vgl. Hoefert, H.-W.; Reichard, C., Leistungsprinzip und Leistungsverhalten im öffentlichen Dienst, 1979, S. 14.

[40] Vgl. Ahrens, A.; Lotzkat, P., Den Erfolg von Personalentwicklung messen und bewerten, 1996, S. 93 und vgl. Reichard, C., Betriebswirtschaftslehre der öffentlichen Verwaltung, 1987, S. 266-280.

Kommunalverwaltungen als einzelne Faktoren angewandt und nicht als Ganzes. Personalentwicklungsmaßnahmen in Kommunalverwaltungen werden daher oftmals als unsystematische Aneinanderreihung von Einzelmaßnahmen wahrzunehmen sein. Bedingt durch die nur begrenzte Ansicht, dass Personalentwicklung eine Führungsaufgabe ist sowie die noch nicht ausreichende Wahrnehmung und Priorisierung des Arbeitsgebietes Personalentwicklung sind oftmals die einzelnen Mitarbeiter für die eigenen Fortbildungsmaßnahmen und deren Koordinierung verantwortlich.[41]

2.1.3 Personaleinsatz

Um in Kommunalverwaltungen in einer personalwirtschaftlichen Fragestellung, wie der Besoldung und Vergütung, den Aspekt des Leistungsbezuges zu untersuchen, müssen die Unterschiede in den Statusbereichen der einzelnen Mitarbeiter näher betrachtet werden. Das Personal in öffentlichen Institutionen unterscheidet sich im Gegensatz zu privaten Unternehmen durch seine interne Differenzierung, was mittlerweile auch von Experten, wie bspw. der Regierungskommission des Landes Nordrhein-Westfalen als Fehlentwicklung deklariert wird.[42] Unterschieden wird bei Kommunalverwaltungen in Beamte, Angestellte und Arbeiter. Jedoch werden Beamte nur im öffentlichen Dienst tätig, weil für sie die öffentlich-rechtliche Verfassung der Dienststelle Beschäftigungsvoraussetzung ist. Das bedeutet, der Arbeitgeber eines Beamten muss mit der Dienstherrenfähigkeit gemäß § 29 I BBesG ausgestattet sein.[43] Zur Gruppe der Berufsbeamten kam erst im 20. Jahrhundert die Gruppe der Angestellten und Arbeiter hinzu. Dies wurde erforderlich, da eine zunehmende Anzahl an Aufgaben und deren Unterscheidung sowie eine damit einhergehende Funkti-

---

[41] Vgl. Ahrens, A.; Lotzkat, P., Den Erfolg von Personalentwicklung messen und bewerten, 1996, S. 93 und vgl. Reichard, C., Betriebswirtschaftslehre der öffentlichen Verwaltung, 1987, S. 234 ff..

[42] Vgl. Landesregierung des Landes NRW, Bericht der Regierungskommission zur Reform der Verwaltung (Langform), 2003. S. 44.

[43] Ausnahmen bilden dabei momentan ehemalige öffentlich-rechtliche Unternehmen, die nun privatisiert sind wie z. B. die Deutsche Telekom AG, die Deutsche Post AG oder auch die Deutsche Bahn AG und daher diese Beamten gemäß § 123a III Satz 1 BRRG unter Zuweisung beschäftigen.

onszunahme der örtlichen Eingriffs- und Leistungsverwaltung deutlich wurde.[44] Da in dieser Studie nur Leistungsaspekte in Besoldung und Vergütung betrachtet werden, wird das Analysegebiet „Arbeiter“ nicht berücksichtigt. Um die Differenzierungen zwischen Beamten- und Angestelltenrechtsverhältnissen noch einmal deutlich zu machen, ist im Folgenden eine detaillierte Tabelle von Wagner zu finden.

Tabelle 1: Rechtsunterschiede zwischen Beamten und Angestellten

Beamte	**Angestellte**
öffentliches Recht (Beamtenrecht)	**Privatrecht**
Ernennung durch formbedürftigen Verwaltungsakt	**durch Arbeitsvertrag, einer besonderen Art des Dienstvertrages (§§ 611 ff BGB)**
Regelung durch Gesetz, keine Gestaltungsmöglichkeit	**arbeits- und tarifvertraglich geregelt**
Laufbahnprinzip	**tätigkeitsbezogen**
Entlassung nur durch Gesetz	**ordentliche und außerordentliche Kündigung**
Alimentationsprinzip (amtsangemessener Lebensunterhalt)	**Arbeitsentgelt als Gegenleistung für die geschuldeten Dienste**
eigenständige Versorgung	**gesetzliche Rentenversicherung**
Streikverbot	**Streikrecht**
Rechtsweg zu den Verwaltungsgerichten	**Rechtsweg zu den Arbeitsgerichten**
(In Anlehnung an: Wagner, F., Beamtenrecht, 7. Auflage, Heidelberg, 2002, S. 5.)	

[44] Vgl. Kühnlein, G.; Wohlfahrt, N., Zwischen Mobilität und Modernisierung, 1994, S. 10ff. und vgl. Landesregierung des Landes NRW, Bericht der Regierungskommission zur Reform der Verwaltung (Langform), 2003. S. 45ff..

2.1.3.1 Beamte

Die mengenmäßige Relation von Beamten zu Angestellten und zu Arbeitern ist abhängig von dem jeweiligen Dienstherren (z. B. Gebietskörperschaften). In Gebietskörperschaften, wie Bundesbehörden und Landesbehörden, ist die relative Mehrheit an Beamten höher als in Kommunen, da hier die Wahrnehmung von hoheitlichen Tätigkeiten gemäß Art. 33 IV GG prozentual höher ist.[45] Die Hauptaufgabe des Beamtentums ist es, eine stabile Verwaltung im Interesse der Dienstleistungsnehmer zu sichern. Daher ist die Treuebindung an den Dienstherrn, die sich aus dem Beamtenverhältnis, als dem öffentlich-rechtlichen Dienst- und Treueverhältnis ergibt, eine wesentliche Pflicht.[46] Mit dieser Treuebindung soll eine stetige Aufgabenerfüllung gewährleistet werden. Aus dem öffentlich-rechtlichen Dienst- und Treueverhältnis, welches mit der Aushändigung der Ernennungsurkunde beginnt[47], ergeben sich daher für jeden Beamten hergebrachte Grundsätze in der Amtsausübung. Die §§ 52-57 des Bundesbeamtengesetz (BBG) konkretisieren die Dienst- und Treuepflicht als Hauptpflicht eines jeden Beamten in weitere Pflichten, wie Mäßigungspflicht, Zurückhaltungspflicht, Beratungs- und Gehorsamspflicht oder auch die Verantwortungspflicht für jegliche Handlungen eines Beamten.[48] Vor allem in Bereichen wie Justizvollzug,

---

[45] Dies kann auch als Funktionsvorbehalt benannt werden. Vgl. hierzu Mager, U., Arbeits- und Tarifrecht, 1994, S. 5 und vgl. Studenroth, S., Zeitlich begrenzte Ernennungen im Beamtenrecht, 1997, S. 213.

[46] Als Dienstherrn gelten gemäß § 121 I BRRG die Gebietskörperschaften: Bund, Land, Kommune,"...sowie nach § 121 II BRRG diejenigen „Körperschaften, Anstalten und Stiftungen, des öffentlichen Rechts, welche die Dienstherrenfähigkeit schon am 01.07.1957 besaßen." Zu Kommunalbeamten zählen Beamte bei Gemeinden, Kreisen, Landschaftsverbänden und kommunalen Zweckverbänden. Vgl. hierzu: Wind, F.; Schimana, R.; Wichmann, M., Öffentliches Dienstrecht, 1998, S. 50 und 60; vgl. Wagner, F., Beamtenrecht, 2002, S. 25; vgl. Ilbertz, W.; Stiller, T., Öffentliches Dienstrecht in der Bundesrepublik Deutschland, 1991, S. 3; vgl. Wagner, F., Beamtenrecht, 2002, S. 15 sowie vgl. Rau, T., Betriebswirtschaftslehre für Städte und Gemeinden, 1994, S. 211.

[47] Vgl. Wind, F.; Schimana, R.; Wichmann, M., Öffentliches Dienstrecht, 1998, S. 38 und 58 und vgl. Hoefert, H.-W.; Reichard, C., Leistungsprinzip und Leistungsverhalten im öffentlichen Dienst, 1979, S. 18.

[48] Vgl. Freie Hansestadt Bremen, Personalmanagement in der Freien Hansestadt Bremen – Grundinformationen von A bis Z, 2003, S. 65f.; vgl. Bergauer, H.-P., Wambach, K., Personalwesen, 1991, S. 47f.; vgl. Wind, F.; Schimana, R.; Wichmann, M., Öffentliches Dienstrecht, 1998, S. 29 und 192f. sowie vgl. Ilbertz, W.; Stiller, T., Öffentliches Dienstrecht in der BRD, 1991, S. 15ff., S. 58 und vgl. Wagner, F., Beamtenrecht, 2002, S. 15f..

Polizei oder auch Finanzverwaltung sind überwiegend Beamte vorzufinden, da gerade in diesen Bereichen eine stetige, ordnungsgemäße Aufgabenerfüllung unerlässlich ist.[49]

Die Treuebindung an den Staat ergab sich aus der persönlichen Bindung des Beamten an seinen Monarchen, die dann im 18. Jahrhundert zu einer Bindung an den Staat erweitert wurde. Im 19. Jahrhundert erhielt das Berufsbeamtentum seine zum Teil noch heute geltenden Regeln. Die Rechte der Beamten sind bestimmt durch staatliche Rechtsnormen, die im Wesentlichen aus dem BBG, dem Bundesbesoldungsgesetz (BBesG), dem Bundesrechtsrahmengesetz (BRRG) sowie der Bundeslaufbahnverordnung (BLV) abgeleitet sind. Die Bundesländer sind z. T. berechtigt oder auch verpflichtet, diese Richtlinien auszufüllen und umzusetzen.[50] Als wesentliches Merkmal ist zu erwähnen, dass der Bund die volle Gesetzgebungskompetenz in Bezug auf Besoldung und Versorgung hat, wobei das BBesG und das Beamtenversorgungsgesetz direkt auch für Beamte in Ländern und Gemeinden Gültigkeit haben. Jedoch sind in der Regel diese bundesweiten Vorschriften durch den Bundesrat zustimmungspflichtig. Anzumerken ist in diesem Zusammenhang, dass den Kommunen das Recht der Rechtsetzungebefugnis nicht gegeben ist.[51] Als ein Ausgleich für die fehlende Tarifmacht sind bei beamtenrechtlichen Vorschriften die Spitzenorganisationen wie Gewerkschaften und Berufsverbände anzuhören.[52] Im Beamtenrecht gibt es vier Laufbahngruppen: einfacher, mittlerer, gehobener und höherer Dienst. Beamte werden für eine bestimmte Laufbahn berufen, wohingegen Angestellte für die Ausführung einer bestimmten Funktion eingestellt werden.[53]

---

[49] Vgl. BMI, Der öffentliche Dienst in Deutschland, 2002, S. 47f. sowie vgl. Ilbertz, W.; Stiller, T., 1991, Öffentliches Dienstrecht in der BRD, S. 3.

[50] Vgl. Bergauer, H.-P., Wambach, K., Personalwesen, 1991, S. 11.

[51] Vgl. Wind, F.; Schimana, R.; Wichmann, M., Öffentliches Dienstrecht, 1998, S. 35.

[52] Vgl. BMI, Der öffentliche Dienst in Deutschland, 2002, S. 58f..

[53] Vgl. Reichard, C., Betriebswirtschaftslehre der öffentlichen Verwaltung, 1987, S. 255f.; vgl. Wind, F.; Schimana, R.; Wichmann, M., Öffentliches Dienstrecht, 1998, S.141; vgl. Wagner, F., Beamtenrecht, 2002, S. 54 ff.; vgl. Bergauer, H.-P., Wambach, K., Personalwesen, 1991 S. 19f. sowie vgl. Ilbertz, W.; Stiller, T., Öffentliches Dienstrecht in der BRD, 1991, S. 11f..

2.1.3.2 Angestellte

Das Angestelltenverhältnis basiert auf einem privatrechtlichen Vertrag, welcher sich bezüglich den Rechten und Pflichten denen der Beamten annähert.[54] Angestellte sind im Gegensatz zum Arbeiter überwiegend geistig tätig. Außerdem wird ihnen ein größeres Maß an Selbstständigkeit und Verantwortung zuerkannt als Arbeitern, die vorwiegend körperlich tätig sind. Die sozialgesetzliche Zuordnung von Angestellten kann gemäß § 133 II Sozialgesetzbuch VI vorgenommen werden. Angestellte haben eine funktionsbezogene Pflichtenbindung, die der Treuebindung der Beamten nicht gleichkommt.[55] Jedoch sind auch sie zur Treue ihrem Arbeitgeber gegenüber verpflichtet, die allerdings nicht lebenslang andauert, da ihr Arbeitsverhältnis nur auf einem Arbeitsvertrag beruht. Der Angestellte hat nach dem § 8 I Satz 1 BAT die Pflicht, sich so verhalten, wie es von einem Angestellten des öffentlichen Dienstes erwartet wird. Er hat gemäß § 9 I Satz 1 BAT u. a. ebenfalls die im Punkt „Beamte" erwähnte Verschwiegenheitspflicht sowie alles zu unterlassen, was den Interessen seines Arbeitgebers zuwider läuft.

Die bei Beamten erwähnte Laufbahneinteilung entstand ursprünglich als Einteilung nur für Beamte, allerdings lassen sich Angestellte und Arbeiter in ähnlicher Art und Weise zuordnen, wobei Angestellte jedoch nicht für eine Laufbahn eingestellt werden sondern für eine konkrete Tätigkeit.[56] Für Angestellte sind die wichtigsten Rechtsgrundlagen: der Bundesangestelltentarifvertrag (BAT)[57], die ihn ergänzenden Tarifverträge (über die Gehaltstabellen und Gehaltserhöhungen), das Bürgerliche Gesetzbuch (BGB) und arbeitsgesetzliche Regelungen wie bspw. das Arbeitszeitgesetz. Be-

---

[54] Vgl. BMI, Der öffentliche Dienst in Deutschland, 2002, S. 47 (siehe z. B. beamtenrechtliche Tatbestände wie das Verschwiegenheitsgebot oder das Verbot der Vorteilsannahme, welche sich jetzt im BAT wieder finden oder auch die vom BAT ins BBesG fast regelmäßig übernommene Regelung bezüglich Steigerung der Besoldung, wenn diese ebenfalls für Löhne und Gehälter durch die Tarifparteien beschlossen wurden). Vgl. auch Mager, U., Arbeits- und Tarifrecht, 1994, S. 8ff. und Linde, P., Angestellte im Öffentlichen Dienst I, 1991, S. 1 und 23ff..

[55] Vgl. BMI, Der öffentliche Dienst in Deutschland, 2002, S. 47f., sowie vgl. Freie Hansestadt Bremen, Personalmanagement in der Freien Hansestadt Bremen – Grundinformationen von A bis Z, 2003, S. 32f..

[56] Vgl. BMI, Der öffentliche Dienst in Deutschland, 2002, S. 89.

[57] Vgl. Freie Hansestadt Bremen, Personalmanagement in der Freien Hansestadt Bremen – Grundinformationen von A bis Z, 2003 S. 63f. und vgl. Ilbertz, W.; Stiller, T., Öffentliches Dienstrecht in der BRD, 1991, S. 33.

dingt durch die Wiedervereinigung der DDR und der BRD, gibt es für den Teil der neuen Bundesländer einen separaten Bundesangestelltentarifvertrag-Ost (BAT-O), da er Unterschiede zwischen den Bundesländern noch berücksichtigt.

2.1.3.3 Dienstleistungsunterschiede

Um die Unterschiede von hoheitlichen zu nicht hoheitlichen Aufgaben bei Dienstleistungen von öffentlichem Interesse deutlich zu machen, ist die folgende Grafik von Peter Eichhorn eine sehr gute Demonstration. Hier wird deutlich, dass eine zunehmende Vermischung der verschiedenen Obliegenheiten zunimmt.

Abbildung 1: Arten öffentlicher Dienstleistungen

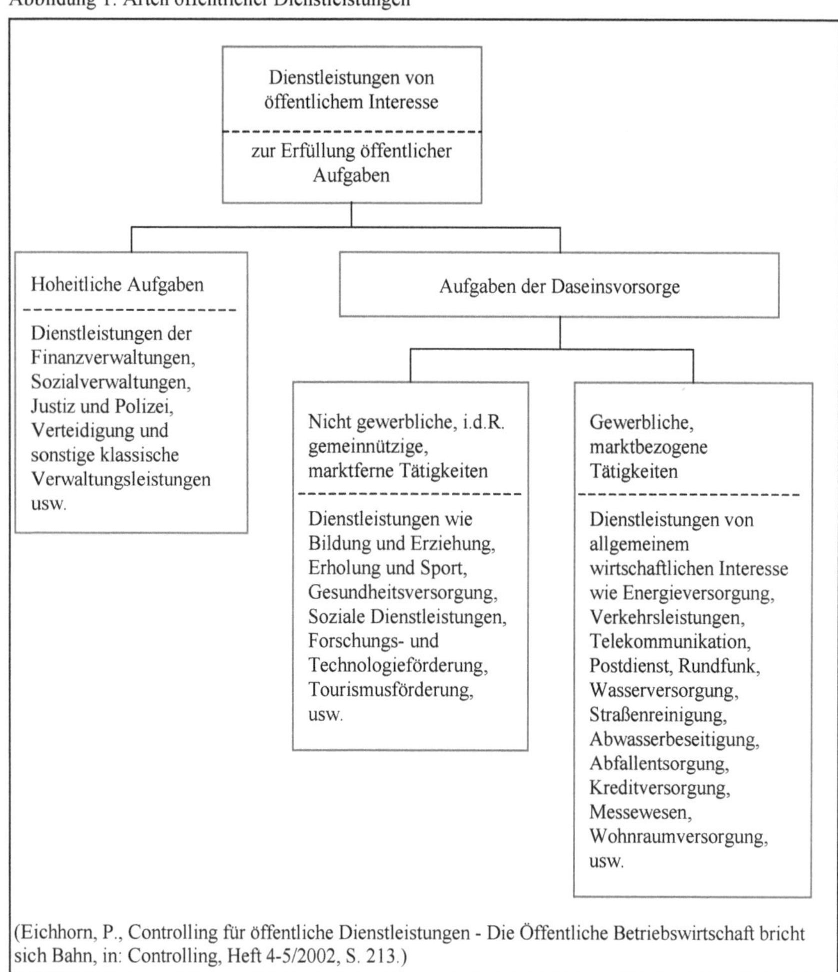

(Eichhorn, P., Controlling für öffentliche Dienstleistungen - Die Öffentliche Betriebswirtschaft bricht sich Bahn, in: Controlling, Heft 4-5/2002, S. 213.)

2.2 Anreizsystem in der Kommunalverwaltung

Da es in der Literatur eine Vielzahl von Definitionen für Anreiz und Anreizsysteme gibt und diese in betriebswirtschaftliche und verhaltenswissenschaftliche unterschieden werden, wird in dieser Arbeit die verwendete Definition „Anreiz" stark an die des Verwaltungswissenschaftlers Kuno Schedler angelehnt sein. Demnach ist ein Anreiz eine monetäre oder nicht monetäre Zahlung bzw. ein Versprechen, die das erwünschte Verhalten des Adressaten verstärkt. Im für den Arbeitgeber positiven Fall kann der Adressat zu einer verbesserten Leistung, zu einer effektiveren und/ oder effizienteren Verhaltungsweise bewegt werden. Die freie Entscheidung des Empfängers ist immer noch gewährleistet, d. h. er braucht auf den Anreiz nicht zu reagieren. Meist wird nicht nur ein einzelner Anreiz zur Leistungssteigerung[58] vom Arbeitgeber verwandt, sondern ein gesamtes System an Anreizen. Dieses besteht aus mehreren veränderlichen Größen, die die Leistungssteigerung der einzelnen Individuen veranlassen können. Hierbei wird deutlich, dass ein System meist bewusst geschaffen wird, um motivierende[59] Effekte bei der Mitarbeiterschaft zu erzielen.[60] Negative Anreize, die als negative Einwirkungsmittel verstanden werden, bspw. Androhen von Strafen oder auch der Anreizentzug[61], bleiben in dieser Arbeit größtenteils unberücksichtigt, da die Sanktionsmöglichkeiten im Recht der Beamten oder Angestellten in Kommunalverwaltungen begrenzt vorhanden sind. Im folgenden Abschnitt, der sich mit monetären Leistungsanreizen in Besoldung und Vergütung in der Kommunalverwaltung befasst, wird es weitere Ausführungen dazu geben. Die Grafik von Mellenberger stellt das System von Anreizen als Flußdiagramm dar.

---

58 Vgl. Hoefert, H.-W.; Reichard, C., Leistungsprinzip und Leistungsverhalten im öffentlichen Dienst, 1979, S. 55ff..

59 Gemäß Althoff und Thielepape bedeutet Motivation jedes Verhalten, das einen Trieb, Bedürfnis oder auch Wunsch u. ä. beinhaltet. Das heißt ein innerer Zustand, der das Individuum oder die Gruppe dazu bewegt das Verhalten auf bestimmte Ziele zu lenken. Vgl. dazu Althoff, K.; Thielepappe, M., Psychologie in der Verwaltung, 1995, S. 63 und 100ff.. Motive differieren in Triebe (welche durch körperliche Wünsche gesteuert sind) und in Begierden (die durch höhere Ziele beeinflusst sind). Siehe hierzu vgl. Pullig, K.-K., Personalmanagement, 1993, S. 48.

60 Vgl. http://www.wissensmanagement-competence- center.de/ wissensmanagement.nsf /0/413c35ada742e1c1256b6000594e60?OpenDocument, 03.05.2004 und vgl. Schedler, K., Anreizsysteme in der öffentlichen Verwaltung, 1993, S. 7 und 89f..

61 Vgl. Busse, B., Leistungsanreize, 2002, S. 208.

Abbildung 2: Anreizsystem

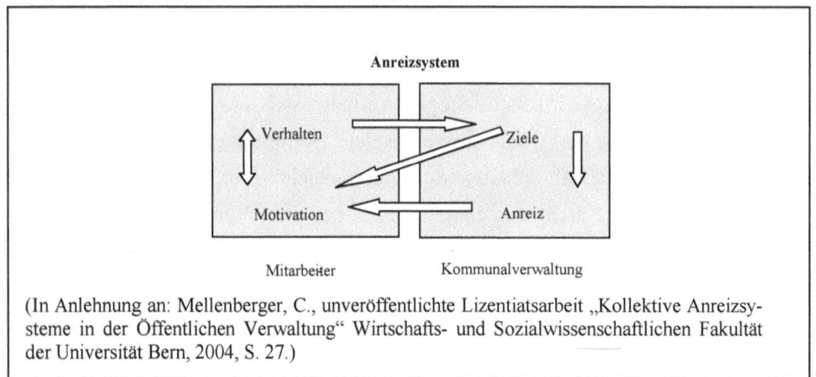

(In Anlehnung an: Mellenberger, C., unveröffentlichte Lizentiatsarbeit „Kollektive Anreizsysteme in der Öffentlichen Verwaltung" Wirtschafts- und Sozialwissenschaftlichen Fakultät der Universität Bern, 2004, S. 27.)

Das Thema der Leistungsanreizsysteme ist in den Verwaltungen nicht neu, sondern bereits schon vor ca. 25 Jahren von der Studienkommission für die Reform des Dienstrechts diskutiert worden. Damals wurde bemängelt, dass ein höher qualifiziertes Personal und ein effizienteres Arbeiten durch Zulagen und Prämien für überdurchschnittliche Leistungen honoriert werden sollten. Jedoch waren diese Reformgedanken zum damaligen Zeitpunkt zu fortschrittlich und noch nicht allgemein akzeptiert.[62] Erst in den 90er Jahren wurde dieses Thema wieder aktuell. Heute wird anerkannt, dass Anreizsysteme Bestandteile von jeder Führungskonzeption sind und, dass sie als Subsystem zur Erreichung von betrieblichen Zielen angesehen werden müssen. Es ist deutlich, dass wiederum viel Einsatz von Führungskräften gefordert wird, da diese Ressourcen- und Fach- verantwortung tragen und daher für diese Aufgabe speziell vorbereitet sein sollten.[63]

Wie durch die Beschreibung des Wandels in der Kommunalverwaltung deutlich wird, sind kulturgesellschaftliche aber auch finanzpolitische Gegebenheiten Auslöser zur gesteigerten Orientierung hin zu Leistung und Effizienz.[64] Um diese Ziele zu erreichen, sind u. a. die im nächsten Unterabschnitt benannten Anreize mögliche Auslö-

---

[62] Vgl. Tondorf, K., Leistungszulagen als Reforminstrument, 1997, S. 7f..

[63] Vgl. Tondorf, K., Leistungszulagen als Reforminstrument, 1997, S. 8 und vgl. http://www.wiwi.uni-bielefeld.de/~becker/Sonstiges/PersonalSS2002/BeckVahlenAnreizsystem.html, 03.05.2004.

[64] Vgl. Schedler, K., Anreizsysteme in der öffentlichen Verwaltung, 1993, S. 33.

ser. Mit Anreizen sollen aber auch noch weitere unterschiedliche Ziele angestrebt werden, wie kurzfristige Ziele (z. B. Zufriedenheit) oder auch langfristige Ziele (z. B. Commitment). Wichtig ist die Feststellung, dass Anreizsysteme in Kommunalverwaltungen z. T. nicht aus den gleichen Faktoren bestehen wie bei privatwirtschaftlichen Unternehmungen, da hier keine gesetzlichen Rahmen[65], wie sie durch die Besoldungsgesetze vorgeschrieben sind, existieren.

Wie in der Privatwirtschaft erkennbar ist, gehören Leistungselemente in Verträgen für Führungskräfte schon seit Jahrzehnten zum Repertoire von Personalpolitik. Zunehmend wird versucht, ähnliche Elemente in die Kommunalverwaltung zu übertragen.[66] Leistungsanreize, materiell oder immateriell, sind in Kommunalverwaltungen damit heute keine Seltenheit mehr. U. a. wurden erste Pilotprojekte zu Leistungsanreizsystemen in Kommunen vom Arbeitgeberverband Nordrhein-Westfalen (NRW) bereits im Jahr 1993 begonnen. Auch Leistungszulagen und –prämien, für die u. a. das im Juli 1997 in Kraft gesetzte Dienstrechtsreformgesetz die Möglichkeit geschaffen hat, Beamten einmalige Leistungsprämien oder befristete Leistungszulagen zu gewähren, zeigen einen Fortschritt im Anreizsystem der Kommunen. Im Ganzen wird deutlich, dass Leistungsorientierung in Kommunen zunehmend an Bedeutung gewinnt. Jedoch bestimmen in Kommunalverwaltungen nur drei verschiedene Arten von Anreizen das Anreizsystem. Das ist erstens das Besoldungs- und Gehaltsgefüge, bei dem Stellenbewertungen und Dienstalter, wie auch Leistungszulagen von Relevanz sind. Des Weiteren sind in der Kommunalverwaltung für Beamte das Beförderungssystem und für Angestellte das Höhergruppierungssystem[67] relevant, welches aus einer Ämterstruktur und Laufbahnbestimmungen zusammengesetzt ist, und drittens das Beurteilungssystem, welches viel über individuelle Anreize entscheidet. Grundsätzlich kann festgestellt werden, dass Humankapital eine Ressource ist, die in einem Dienstleistungsbetrieb, wie es die Kommunalverwaltung ist, über die Effektivität und Effizienz von Leistungen in erheblichem Umfang mitbestimmt. Hierbei

[65] Siehe bspw. die Rahmen, welche durch das Bundesbesoldungsgesetz, BAT u ä. gesetzt sind.

[66] Vgl. Busse, B., Leistungsanreize, 2002, S. 206.

[67] Gemäß Linde, P., Angestellte im öffentlichen Dienst II, 1991, S. 162f. und gemäß BMI, Der öffentliche Dienst in Deutschland, 2002, S. 132 erhalten Angestellte bei Höhergruppierungen die Grundvergütung aus der höheren Vergütungsgruppe. Nicht nur eine Vergütungserhöhung aufgrund der Eingruppierung ist durch die Höhergruppierung möglich, gleichzeitig kann evt. auch eine lebensaltersstufeninterne Vergütungsverbesserung erreicht werden.

muss berücksichtigt werden, dass Effektivität immer zielbezogen ist, d. h. es konzentriert sich auf das Setzen von angemessenen Zielen. Hingegen ist die Effizienz die Bestimmung des Wirkungsgrades, also der eingesetzten Energie im Verhältnis zum erzielten Ergebnis. Damit geht es bei Effektivität und Effizienz um das „Was" und „Wie" der Leistungen von Individuen.[68] Jede einzelne Person arbeitet grundsätzlich dafür, für ihre Tätigkeiten Anerkennung zu bekommen Um diese zu erreichen, muss sie über Anreize motiviert werden.

2.2.1 Mögliche Anreizunterscheidungen in der Kommunalverwaltung

Wie eben ansatzweise aufgezeigt, gibt es eine Fülle an Anreizen, wobei der monetäre Leistungsanreiz in Besoldung und Vergütung in der Kommunalverwaltung nur einen kleinen Ausschnitt bildet. Grundsätzlich gibt es eine Vielzahl an Klassifikationsmöglichkeiten, von denen hier einige wesentliche dargestellt werden. Eine der bekanntesten Unterscheidungsmöglichkeiten, der in der Fachliteratur die meiste Bedeutung beigemessen wird, ist die nach dem Anreizobjekt. Zunächst wird der materielle Anreiz genannt. Er besteht aus finanziellen Zusatzleistungen (z.B. Dienstwagen), Leistungsprämien, und -zulagen.[69] Der immaterielle Anreiz bezieht sich auf unternehmensbezogene, entwicklungsbezogene und handlungsbezogene Leistungen, z. B. Führungsverhalten, Unternehmenskultur, Förderung der Qualifikation, Faktoren des Arbeitsumfeldes (Arbeitsumstände), reizvolle Arbeit, Beziehung zu den Kollegen.[70] Bei materiellen Anreizen in Privatunternehmungen kann die leistungsabhängige Vergütung bspw. aus Sonder- bzw. Leistungsprämien und einer variablen Vergütung (aus Vergütungsbestandteilen, z. B. Bonuszahlungen gepaart mit leistungsbezogener Bezahlung) als Leistungskomponente bestehen, was jedoch auf Kommunalverwaltungen

---

[68] Vgl. Mezger, E., Was leisten Leistungsanreize?, 2002, S. 4.

[69] Vgl. Schedler, K., Anreizsysteme in der öffentlichen Verwaltung, 1993, S. 105ff. und vgl. Freie Hansestadt Bremen, o. V., Personalmanagementkonzept für den Konzern Freie Hansestadt Bremen, 2000, Seite 53ff..

[70] Vgl. Blom, H; Busse, H.-J., Organisationspsychologie, 1997, S. 35ff.; vgl. http://www.wissensmanagement-competence-center.de/wissensmanagement.nsf/0/413c35ada742e1c1256b6000594e60?OpenDocument, 03.05.2004 und vgl. Akademie des Deutschen Beamtenbundes (Hrsg.), o. V., 1989, S. 59ff. sowie vgl. Busse, B., Leistungsanreize, 2002, S. 208.

so direkt nicht übertragbar ist.[71] Eine weitere Differenzierungsart der Anreizquelle in extrinsisch versus intrinsisch ist vorhanden. Hier kann man sich an Herzbergs Zwei-Faktoren-Theorie anlehnen. Dabei werden Motivatoren als intrinsische Anreize bezeichnet, die Zufriedenheitsgefühle auslösen. Darunter fallen bspw. anspruchsvolle, interessante und abwechslungsreiche Tätigkeiten, die ein Gefühl von Leistung, Sinn und Ganzheitlichkeit vermitteln sowie Lern- und Entwicklungsmöglichkeiten eröffnen[72], oder auch Verantwortungsübertragung und Beförderungen. Nach Herzberg stellen extrinsische Motive Hygienefaktoren dar, welche zur Unzufriedenheit beitragen. Diese materiellen oder immateriellen Anreize wirken von außen und beeinflussen die Verhaltensweisen von Mitarbeitern. Beispiele hierfür sind die Beziehung zu Vorgesetzten oder Mitarbeitern, die angewandte Führungstechnik, oder Arbeitsbedingungen.[73] Eine andere Art der Klassifikation ist die nach dem Anreizempfänger. Es wird dabei unterschieden nach Individual-, Gruppen- oder sogar organisationsweiten Anreizen.[74] Wichtig ist, dass Anreize von der Kommune so ausgewählt werden, dass sie der Zufriedenheit und Leistung[75] des Einzelnen, aber auch der Gemeinschaft dienen. Somit gibt es keine feste Kombination an Anreizen, die ein System bildet und damit die höchstmögliche Leistung gewährleistet. Es ist daher nötig, die jeweiligen Besonderheiten der Kommune zu berücksichtigen und daraus ein System zu entwickeln, das die angestrebten Ziele erreicht. Die KGSt macht in diesem Zu-

---

[71] Vgl. Schedler, K., Anreizsysteme in der öffentlichen Verwaltung, 1993, S. 119. Diese Unterscheidung und auf Besonderheiten in leistungsabhängige Besoldung und Vergütung wird im Hauptteil der Studie, dem Bereich monetäre Leistungsanreize in Besoldung und Vergütung in der Kommunalverwaltung speziell eingegangen, daher wird hier keine Vertiefung erfolgen.

[72] Vgl. http://www.studienpreis.de/newsletter-arbeit/; Offe, C., Professor für Politikwissenschaft und Soziologie an der Humbold Universität zu Berlin, Hauptsache Arbeit, 25.03.2004 und vgl. http://www.wissensmanagement-competence-center.de/wissensmanagement.nsf/0/413c35ada742e1c1256b6000594e60?OpenDocument, 03.05.2004 und vgl. Althoff, K.; Thielepape, M., Psychologie in der Verwaltung, 1995, S. 67 sowie vgl. Schedler, K., Anreizsysteme in der öffentlichen Verwaltung, 1993, S. 93 und 108.

[73] Vgl. Becker, H., Arbeitsmoral und Leistungsbereitschaft, 1997, S. 237ff.; vgl. Dulisch, F., Leistungsprämien als Motivationsanreiz, 1996, S. 52f.; vgl. Blom, H; Busse, H.-J., Organisationspsychologie, 1997, S. 35ff. und vgl. Breisig, T., Die Pferdefüße leistungsorientierter Bezahlung, 1999, S. sowie vgl. http://www.wissensmanagement-competence-center.de/ wissensmanagement.nsf/0/413c35ada742e1c1256b6000594e60?OpenDocument, 03.05.2004.

[74] Vgl. Busse, B., Leistungsanreize, 2002, S. 211.

[75] Vgl. von Rosenstiel, L., Motivation im Betrieb, 1980, S. 73.

sammenhang durch ihre Untersuchungsergebnisse deutlich, dass die größte Wirkung erzielt wird, wenn das Anreizsystem aus transparenten und nachvollziehbaren Faktoren besteht. Von außerordentlicher Wichtigkeit wird in diesem Zusammenhang der Bezug von Leistung und Gegenleistung herausgestellt, der von den Mitarbeitern als fair und gerecht wahrgenommen werden sollte.[76]

2.2.2 Folgen von Anreizen

Wie 2003 in einer Studie der Unternehmensberatung Gallup bei einer Befragung von 2.000 Beschäftigten nach ihrer Einstellung zur Arbeit ermittelt wurde, sind lediglich 12% der Arbeitnehmer in Deutschland engagiert und zufrieden bei der Arbeit. Hingegen tätigen 70% der Arbeitnehmerschaft in Deutschland nur ihre Arbeit wie vorgeschrieben, und immerhin 18% der deutschen Arbeitnehmer haben innerlich bereits gekündigt.[77] Durch fehlendes Engagement am Arbeitsplatz, das sich in hohen Fehlzeiten und niedriger Produktivität äußert, entsteht laut Gallup ein jährlicher Schaden in Deutschland, der sich auf ca. 247-260 Mrd. Euro beziffert, was in etwa dem Bundeshaushalt mit über 257 Mrd. Euro für das Jahr 2004 entspricht. U. a. werden der schlechte Dialog zwischen Unternehmensführung und Mitarbeitern sowie eine zu geringe Anzahl an Beförderungen als Gründe aufgeführt. Bei Motivationsdefiziten sind auch regionale Unterschiede zu verzeichnen, was sich u. a. in einer höheren Motivation in südlichen Bundesländern wie Bayern oder Baden Württemberg zeigt.[78] Dies kann auf die finanzielle Besserstellung dieser Regionen zurückgeführt werden, was sich auch auf die finanzielle Situation der Kommunen niederschlägt. Da nur aktives und wettbewerbsfähiges Personal mit Motivation eine leistungsbereite, eigenverantwortliche und flexible Aufgabenbewältigung gewährleisten kann, ist es somit nötig, vorhandene Leistungspotentiale für die Modernisierung der Kommunalverwaltung zu nutzen.[79]

---

[76] Vgl. Holzrichter, E., KGSt (Hrsg.), KGSt-Präsentation „Moderner Staat- Materielle Leistungsanreize in der öffentlichen Verwaltung, Berlin, 28. und 29. November 2000, S. 26.

[77] Vgl. Breisig, T., Die Pferdefüsse leistungsorientierter Bezahlung, 1999, S. 30.

[78] Vgl. http://www.ftd.de/ub/in/1074331644519.html?nv=se; sowie http://www.staufenbiel-personalberatung.de und http://gallup.de am 19.01.2004.

[79] Vgl. Die Bundesregierung, Moderner Staat- Moderne Verwaltung, Broschüre der Bundesregierung, 1999, S. 19.

In der Kommunalverwaltung gibt es mittlerweile eine Vielzahl von materiellen Anreizen, obwohl hier im Vergleich zu Privatunternehmen weniger Möglichkeiten bestehen, die immaterielle Anreize z. T. in den Hintergrund verdrängen. Ob diese dann tatsächlich den höheren Arbeitsmotivationsansatz beinhalten, wird u. a. vom Experten Herrn Professor Lutz von Rosenstiel oder auch durch neuere Untersuchungen der Verwaltungswissenschaftlichen Hochschule Speyer in Frage gestellt. Außerdem werden immaterielle Anreize in Kommunalverwaltungen nur bedingt unter der Beachtung eines Anreizcharakters implementiert, wobei gerade deren bisher ungeplanter, aber mittlerweile doch geplanter und bewusster Einsatz sinnvoll ist. Laut Busse liegt gerade in den immateriellen Leistungsanreizen ein höheres Motivationspotential, als zum Teil von der Praxis angenommen.[80] Denn die Reduzierung der Anreizmöglichkeiten auf die monetären Aspekte würde einer Verkennung der Komplexität des Motivationsprozesses gleichkommen. Sinnvoll wäre auch in der Kommunalverwaltung eine Implementierung eines „Cafeteria-Systems", welches in öffentlichen Verwaltungen derzeit diskutiert wird. Dieses besteht aus einer Vielzahl von Anreizen und Belohnungen immaterieller wie auch materieller Art, derer sich die Mitarbeiter in Höhe ihrer erreichten Leistungen bedienen können.[81] Anreize sind also Bestandteile eines Führungssystems, dass verschiedene Handlungsweisen herbeizuführen im Stande ist. Es wird deutlich, dass es eine Wirkungskette bei Anreizen gibt. Wichtig ist daher, dass nicht nur die motivierenden Folgen von Anreizen Berücksichtigung finden dürfen, sondern auch demotivierende Folgen Beachtung erhalten. In dieser Arbeit werden einzelne wichtige Motivationstheorien, wie ältere Theorien von Maslow, Herzberg, McGregor, oder auch neuere Theorien, wie von McCelland, Locke, Adams, nicht expliziter Untersuchungsgegenstand sein.[82]

Deutlich wird, dass Anreize Chancen und auch Risiken bergen. Hierbei wird bei Individualanreizen eine Gefährdung der Gleichbehandlung offenkundig, wobei jedoch eine Ungleichbehandlung bei Ungleichheiten in Person und Leistung als folgerichtig

---

[80] Vgl. von Rosenstiel, L., Motivation im Betrieb, 1980, S. 45ff.; vgl. Mezger, E., Was leisten Leistungsanreize?, 2002, S.5; vgl. Tondorf, K., Leistungszulagen als Reforminstrument, 1997, S. 16 und vgl. Breisig, T., Die Pferdefüße leistungsorientierter Bezahlung, 1999. S. 30 sowie vgl. Busse, B., Leistungsanreize, 2002, S. 205 und 208.

[81] Vgl. Busse, B., Leistungsanreize, 2002, S. 209.

[82] Vgl. Blom, H.; Busse, H.-J., Organisationspsychologie, 1997, S. 35ff..

anerkannt werden muss.[83] Im positiven Fall lösen Anreize motivierende Wirkungen beim Mitarbeiter aus. Im negativen Fall entstehen Übersättigung, Selbstverständlichkeit des Anreizes und Neid bei Ungleichverteilung. Das NSM und die damit einhergehenden Reformprozesse in Kommunalverwaltungen verlangen motivierte und qualifizierte Mitarbeiter. Um dieses Ziel zu erreichen, haben einige Kommunen als Konsequenz u. a. ihr Fortbildungsbudget erhöht. Des Weiteren werden verschiedene andere Aspekte der Personalentwicklung mehr als zuvor beachtet, um so bei den Mitarbeitern Motivation zu erzeugen. Da die Organisationsentwicklung hin zu teamorientierten Strukturen in erhöhtem Maße auch in der Kommunalverwaltung protegiert wird, können Personalentwicklungs-maßnahmen, wie eine Versetzung oder auch Rotation, mit negativen Auswirkungen verbunden sein. Mitarbeiter können dies als Bestrafung ansehen, wenn sie aus bestehenden Verbänden herausgerissen werden. Honorierungen von Teamleistungen sollten dementsprechend auch dem Team zu Gute kommen, denn wird hier zu stark zwischen einzelnen Teammitgliedern differenziert, führt dies zu Konkurrenz und im Endeffekt sogar zu Demotivierung und insgesamt zu Effizienzrückgang.[84] Die Bereitschaft, sich für die Organisation zu engagieren, wird daher erst eintreten, wenn dadurch ein individuelles Bedürfnis befriedigt sowie eine Würdigung der Leistung für den Einzelnen sichtbar wird. Werden Bedürfnisse hingegen nicht zufrieden gestellt, entsteht Spannung, die sich u. a. in Demotivation äußern kann.[85] Hierbei ist der Umstand zu erwähnen, dass extrinsische Belohnungen negative Auswirkungen auf intrinsische Motivatoren haben können, was auch unter dem Begriff Untergrabungseffekt bekannt ist. Dies bedeutet, dass die aus der Arbeit an sich existierende Zufriedenheit mit der Bereitstellung von extrinsischen Motivatoren, u. a. Leistungszulagen oder Leistungsprämien, untergraben werden kann. Wie Locke in seiner Leistungsmotivationstheorie prüfte, sind Folgen von Leistungsanreizen sehr eng mit ihren Zielen verbunden. So lange diese nicht präzise und spezifisch an nachprüfbare Fakten gebunden sind, besteht die große Gefahr, dass sich bei nicht Begünstigten Demotivierung ausbreitet.[86] Zum Thema Umsetzung von Lei-

[83] Vgl. Schedler, K., Anreizsysteme in der öffentlichen Verwaltung, 1993, S. 36ff..

[84] Vgl. http://www.projektmagazin.de/glossar/gl-0624.html, 03.05.2004.

[85] Vgl. Althoff, K.; Thielepape, M., Psychologie in der Verwaltung, 1995, S. 180ff. und vgl. Blom, H.; Busse, H.-J., Organisationspsychologie, 1997, S. 35ff..

[86] Vgl. Blom, H.; Busse, H.-J., Organisationspsychologie, 1997, S. 35ff..

stungshonorierung sowie deren potentielle Schwachstellen wird in den Abschnitten 4 und 5 Näheres diskutiert.

Abschließend kann festgestellt werden, dass zunehmend eine Effizienzsteigerung in Kommunalverwaltungen das Ziel ist und dies nur mit der Berücksichtigung von individuellen Unterschieden geschehen kann. Begünstigend wirken dabei die Formulierung von spezifischen Zielen und deren Kontrolle sowie die direkte Verbindung von Belohnung und Leistung. Um motivierende Effekte durch Anreize zu erzielen, ist daher nicht die pauschale Anwendung einer bestimmten Theorie zu empfehlen, sondern die Berücksichtigung von Spezifika einer jeden Kommunalverwaltung und ihrer Beschäftigten. Hierbei muss auch der fortschreitende Wertewandel (z. B. in Arbeitszeit, Arbeitsbedingungen) berücksichtigt werden. Die Streuung von Anreizen sollte sehr vorsichtig und behutsam vorgenommen werden, denn bedeutend ist es, den Mitarbeitern das Gefühl zu geben, dass ihre Arbeit Sinn macht, dass sie einen erweiterten Handlungsspielraum bekommen und Entwicklungsmöglichkeiten für sich erschließen können und sie dadurch zur Leistungsfähigkeit angespornt sind.

2.3 Leistung in der Kommunalverwaltung

Ähnlich dem Anreizbegriff ist der Leistungsbegriff mit unterschiedlichen Definitionen belegt. Hierbei muss festgestellt werden, von welchen Determinanten für leistungsorientiertes Verhalten auszugehen ist. Hier ist es vor allem die individuelle Leistungsfähigkeit, die durch Personalentwicklungsmaßnahmen beeinflusst werden kann. Zusätzlich besteht die Möglichkeit, Leistung durch die persönliche Leistungsbereitschaft[87] (z. B. durch wahrgenommene Aussicht auf individuelle Zielerreichung) zu erhöhen. Durch soziales Dürfen, welches durch Normen, Werte und Führungsstil bestimmte Leistungserlaubnisse impliziert, und eine situative Leistungsermöglichung wird Leistung zusätzlich veränderbar.[88] Inwieweit Leistungsfähigkeit und –bereit-

---

[87] Vgl. Hopp, H.; Göbel, A., Management in der öffentlichen Verwaltung, 1999, S. 95 und vgl. Hoefert, H.-W.; Reichard, C., Leistungsprinzip und Leistungsverhalten im öffentlichen Dienst, 1979, S. 27 und 41.

[88] Vgl. Althoff, K.; Thielepape, M., Psychologie in der Verwaltung, 1995, S. 109f.; vgl. KGSt-Bericht 3/1999, Leistungsermittlung, S. 16f.; vgl. Schedler, K., Anreizsysteme in der öffentlichen Verwaltung, 1993, S. 52f.; vgl. Rau, T., Betriebswirtschaftslehre für Städte und Gemeinden, 1994, S. 63f., S. 211.

schaft zu einer hohen Leistung führt, ist ebenfalls von den entsprechenden Anforderungen abhängig. Unter dem Leistungsniveau liegende Anforderungen sind dafür verantwortlich, dass in der Regel nur maximal die den Anforderungen entsprechende Leistungsfähigkeit umgesetzt wird. Analog gilt für eine weite Überforderung, dass sie eine negative Motivationswirkung zur Folge haben kann, was dauerhaft zu Arbeitsunzufriedenheit führt. Es kann somit festgestellt werden, dass Leistung als aus qualitativen und quantitativen Faktoren bestehendes Verhalten bezeichnet werden darf.[89] Leistungen sollten daher nach fachlichen Qualifikationen, Methodenkompetenz, sozialer Kompetenz, Führungskompetenz und persönlicher Qualifikation untersucht werden. In den Arbeitsgebieten des reinen kommunalen Verwaltungsdienstes bestehen laut Koch erhebliche Vorbehalte einer stärkeren Betonung des Leistungsgedankens, da das Leistungsprinzip[90] grundsätzlich in Art. 33 II GG festgehalten ist und u. a. Maßstäbe für die Leistungsmessung schwer zu definieren sind. Besonders bei der Individualbeurteilung wird das Differenzierungsproblem des Vorgesetzten in Bezug auf Gruppen- und Individualleistungen deutlich. Darüber hinaus ist diese besonders schwer bei individuellen, leistungsrelevanten, aber kollektivwirksamen Verhaltensweisen nachzuvollziehen. Das bedeutet eine objektive, quantitative Erfassung von individuellen Leistungsbeiträgen ist nur unter sehr großem Aufwand möglich.[91] Des Weiteren sind Leistungszielpräzisierungen nur bedingt machbar. Erschwert wird die Zurechnung von Leistungen und Verantwortlichkeiten ferner durch eine über Jahrzehnte gewachsene Bürokratie und Aufteilung in Fach- und Spezialbehörden mit unterschiedlichen Verwaltungsebenen. Damit ist die Zurechenbarkeit von Erfolgen und Misserfolgen auf einzelne Mitarbeiter erschwert. Zusätzlich ist die Tatsache der beamtenrechtlichen Vorgaben und der rechtlichen Begrenzung von Leistungsbetonung insgesamt nicht zu vergessen. Ein deutlich zum Ausdruck kommender politischer Wille ist unersetzlich, wenn Leistung ein noch wichtigerer Faktor der täglichen Ar-

---

[89] Vgl. KGSt-Bericht 3/1999, Leistungsermittlung, S. 16ff..

[90] Vgl. Wind, F.; Schimana, R.; Wichmann, M., Öffentliches Dienstrecht, 1998, S. 21 und 182 sowie vgl. Hoefert, H.-W.; Reichard, C., Leistungsprinzip und Leistungsverhalten im öffentlichen Dienst, 1979, S. 14.

[91] Vgl. Koch, R., Personalführung, 1987, S. 516 und vgl. Breisig, T., Die Pferdefüsse leistungsorientierter Bezahlung, 1999, S. 30 sowie vgl. Rau, T., Betriebswirtschaftlehre für Städte und Gemeinden, 1994, S. 212.

beit werden soll.[92] § 54 Satz 1 BBG enthält eine Leistungsverpflichtung insoweit, dass vom Beamten die volle Hingabe zum Beruf verlangt wird und das Verhalten des Beamten innerhalb und außerhalb des Dienstes der Achtung und dem Vertrauen seinem Status gerecht werden muss. In diesem Zusammenhang ist die Frage, wie Leistungsbeurteilungen durchgeführt werden können und welche transparenten Kriterien hierfür angewandt werden sollten, von großem Belang. Orientierung bieten dabei Frankreich, Kanada, die USA, Australien, Griechenland, Irland, die Niederlande, Neuseeland und Großbritannien als Vorreiter der Leistungsbeurteilung. Kennzahlen aus den Bereichen Wirtschaftlichkeit, Effizienz, Effektivität und Ordnungsmäßigkeit sind gemäß Schedler als Richtwerte bei der Individualleistung, ebenfalls auch bei der Messung von Gruppenleistung.[93] Bei Gruppenanreizsystemen ist die Beurteilung von Leistungen offensichtlich einfacher, da hier mehr objektive Daten zur Auswertung bereitliegen.[94] Bei der Festlegung der Kriterien muss das Bewusstsein über deren Wichtigkeit vorhanden sein, denn was gemessen wird, dem wird auch Beachtung geschenkt. Bei aus dem Rechnungswesen stammenden Kennzahlen ist der Vorteil der einfachen Verfügbarkeit vorhanden, andererseits besteht die Gefahr, dass aufgrund der Kurzfristigkeit dieser Zahlen Mitarbeiter ihre Leistungen auch nur kurzfristig ausrichten. Aus diesem Grund mahnt Schedler an, finanzielle Kennzahlen nur im Kontext mit anderen Zahlen zu betrachten und keine isolierte Untersuchung vorzunehmen.[95] Die eben erwähnten Indikatoren können wie folgt gegliedert werden:

- Effektivität (Verhältnis von Zielvorgabe und Zielerreichung)
- Effizienz (Verhältnis von Input zu Output)
- Wirtschaftlichkeit (Vergleich zwischen minimalen Kosten zu effektiven Kosten)
- Ordnungsmäßigkeit (Grad der Einhaltung von gegebenen Vorschriften)

---

[92] Vgl. Horvath, P., Leistungserfassung und Leistungsmessung, 2000, S. 36f. und vgl. Reichard, C., Umdenken im Rathaus, 1995, S. 38f. und vgl. Schedler, K., Anreizsysteme in der öffentlichen Verwaltung, 1993, S. 38f..

[93] Vgl. Busse, B., Leistungsanreize, 2002, S. 205 sowie vgl. Schedler, K., Anreizsysteme in der öffentlichen Verwaltung, 1993, S. 45 ff. und S. 247ff..

[94] Vgl. Schedler, K., Anreizsysteme in der öffentlichen Verwaltung, 1993, S. 182 ff..

[95] Vgl. Schedler, K., Anreizsysteme in der öffentlichen Verwaltung, 1993, S. 135 ff..

Wichtig ist in diesem Zusammenhang die gleichzeitige Berücksichtigung von Effektivität und Effizienz, damit nicht ein Indikator zu Gunsten des anderen vernachlässigt oder gar aufgegeben wird.[96] Um die Qualität der Verwaltungsleistungen steigern zu können und zusätzlich Überblick über Kosten der Leistungen zu erhalten, bedienen sich Kommunalverwaltungen zunehmend des Elements der Leistungsvergleiche und des Wettbewerbs.[97] Trotz der Bemühung um Objektivität kann nicht geleugnet werden, dass immer ein subjektives Empfinden desjenigen, der die Leistung messen möchte, mit hineinspielen wird.[98] Daher ist es um so wichtiger, dass die eben benannten Indikatoren auf objektiven Fakten fußen. Da in Kommunalbehörden im Vergleich zu Privatunternehmen weniger quantitativ erfassbare Leistungen feststellbar sind, sollten die genannten Kennzahlen als Ansätze zur Leistungsmessung verstanden werden und nicht als statische Festlegungen, von denen nicht abgewichen werden darf.[99] Hierbei sollte u. a. der Zusammenhang von Ursache und Wirkung nicht unberücksichtigt bleiben. Wie Gerhard Comelli und Lutz von Rosenstiel deutlich machen, ist zwischen Leistung und Zufriedenheit ein unmittelbarer Zusammenhang vorhanden, der mit Motivation in eine nahe Verbindung gebracht werden kann.[100] Die Stärkung der Leistungsorientierung ist ein Element auf dem Weg zur Umsetzung des NSM, wobei wichtigste Ziele wie die Einsparung von Sachkosten oder die Erzielung von Mehreinnahmen vorangetrieben werden sollen.[101] In diesem Zusammenhang ist als Anlage 2 ein Muster zur Leistungsbewertung eingefügt, welches als Ansatz zur Umsetzung verstanden werden kann.

---

[96] Vgl. Budäus, D., Leistungserfassung und Leistungsmessung in öffentlichen Verwaltungen, 2000, S.16 und vgl. Schedler, K., Anreizsysteme in der öffentlichen Verwaltung, 1993, S. 45ff..

[97] Vgl. Busse, B., Leistungsanreize, 2002, S. 207.

[98] Vgl. KGSt-Bericht 3/1999, Leistungsermittlung, S. 66f..

[99] Vgl. Schedler, K., Anreizsysteme in der öffentlichen Verwaltung, 1993, S. 54f..

[100] Vgl. Comelli, G.; von Rosenstiel, L., Motivation im Betrieb, 2001, S. 40.

[101] Vgl. Busse, B., Leistungsanreize, 2002, S. 207.

3 Monetäre Leistungsanreize in Besoldung und Vergütung in der Kommunalverwaltung

Die Erkenntnis, dass Mitarbeitermotivation, welche oftmals durch monetäre Leistungsanreize verstärkt werden kann, eine der wichtigsten Voraussetzungen für die Umsetzung von Reformen wie der Ökonomisierung der Kommunalverwaltung, z. B. in Form vom NSM, die Einführung der Doppik u. ä. ist, setzt sich auch in Kommunalverwaltungen zunehmend durch. Daher sind die Bemühungen um leistungs- und ertragsabhängige Besoldung und Vergütung in Kommunalverwaltungen von großer Bedeutung. Bereits das Ziel einer relativen Besoldungs- und Vergütungsgerechtigkeit ist zum aktuellen Zeitpunkt im öffentlichen Dienst gegeben. Dies bedeutet, dass für gleiche oder ähnliche Qualifizierungen und dementsprechende Leistungen der einzelne Mitarbeiter vom Arbeitgeber bzw. Dienstherrn angemessen und arbeitsplatzbezogen besoldet oder vergütet werden soll. Im öffentlichen Dienst existiert bereits eine Vielzahl an leistungsorientierten Entgeltvergabeansätzen, deren konkrete sowie flächendeckende Umsetzung vollzieht sich jedoch nur sehr zögerlich.[102] Eine grundsätzliche Übersicht zu leistungsbezogenen Entlohnungsformen findet sich in nachstehender Grafik.

---

[102] Vgl. Krauss-Hoffmann, P., Monetäre Leistungsanreize im Öffentl. Sektor, 2002, Kapitel 06.16, S.1f..

Abbildung 3: Typologie leistungsbezogener Entlohnungsformen

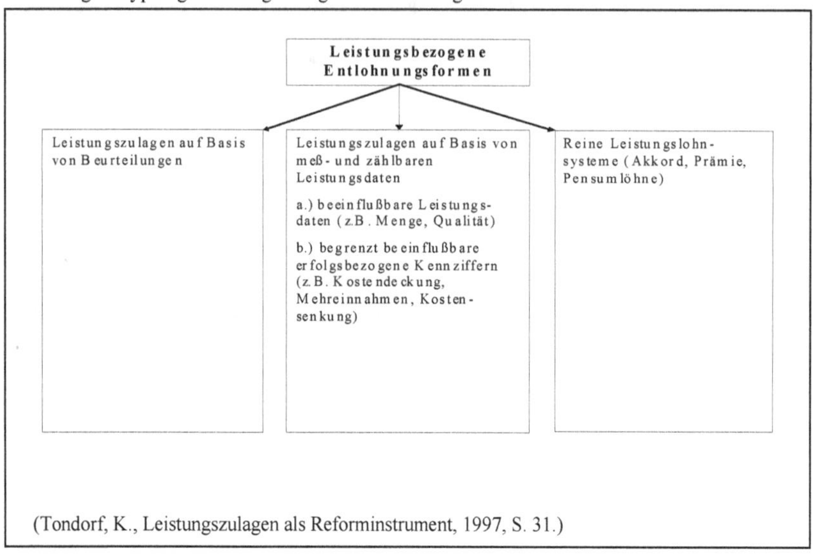

(Tondorf, K., Leistungszulagen als Reforminstrument, 1997, S. 31.)

Im öffentlichen Dienst ist die analytische Arbeitsbewertung als Instrument der Entgeltfindung und Entgeltdifferenzierung Diskussionsgegenstand. Gegenstand der Arbeits-/ Leistungsbewertung ist immer die Beurteilung und Ermittlung der Anforderungen, die ein Arbeitssystem an die Personen stellt. Die Bewertung im öffentlichen Dienst ist jedoch z. T. personenunabhängig.[103] Grundsätzlich zeigt die Besoldung bzw. die Vergütung dem einzelnen Mitarbeiter, welche Wertschätzung die Kommunalverwaltung für dessen Arbeit hat. Die Höhe ist ein Entscheidungskriterium über soziales Ansehen, Erfolg und Anerkennung. Bedingt durch die fortschreitende Arbeitsteilung ist es für den einzelnen Mitarbeiter immer schwieriger, seinen Arbeitsbeitrag im großen Ganzen einordnen zu können. Daher versucht er, seinen Wert bzw. seine Bedeutung über die Besoldung oder die Vergütung ablesen zu können. Demzufolge sollte auch die Kommunalverwaltung Besoldung und Vergütung als Anreiz zur Erreichung der Verwaltungsziele begreifen und dementsprechend nutzen.[104]

---

[103] Siehe hierzu mehr in den Abschnitten Problemdarstellungen und Verbesserungsvorschläge sowie Implementierungsbeispiele.

[104] Vgl. Nässer, C., Mehr Wert durch mehr Geld?, 2004, S. 30f..

In den teilweise bzw. ganz privatisierten Sektoren Post, Bahn und Telekommunikation gelang eine voranschreitende Abwendung von dem z. T. sehr starren öffentlichen Bezahlungssystem, welches Leistungskriterien in zu geringem Maße neben Statusaspekten wie Alter, Familienstand und Dienstjahren berücksichtigte. Dies zeigt, dass Entgeltmodelle der ehemals staatlichen Unternehmen offensichtlich als nicht geeignet angesehen wurden, um den gegenwärtigen Ansprüchen von Dienstleistungsunternehmen unter Wettbewerbsdruck zu entsprechen. Ebenfalls kann eine Abwendung von öffentlich-rechtlichen Entgeltsystemen im Verkehrs- und Versorgungssektor beobachtet werden. Hier konnte eine Abkehr von Tarifverträgen mit BAT-Anlehnung erfasst werden.[105] Aus diesen Erkenntnissen lässt sich eine Ableitung der Aktualität der Änderung von Entgeltsystemen auch für Kommunalverwaltungen ziehen. Sie entsprechen bzw. entsprachen ebenfalls nicht den Erfordernissen, die sich ihnen durch die Ökonomisierung und den Reformwillen, wie z. B. durch das NSM, bieten.

Wie bereits im Unterabschnitt „Anreizsystem in der Kommunalverwaltung" erläutert, nimmt die Bedeutung von Leistungsanreizen in der Personalsteuerung der Kommunalverwaltung zu. Hier bemüht man sich erkennbar, materielle Anreize in die Beamtenbesoldung und Angestelltenvergütung zu integrieren.[106] In diesem Zusammenhang stellt Krauss-Hoffmann fest, dass bereits in den 70-er Jahren durch die Studienkommission für die Reform des öffentlichen Dienstrechts die Entgeltsysteme der öffentlichen Hand kritisiert wurden. Eine nicht ausreichende Leistungsorientierung wurde hierbei offen zum Ausdruck gebracht. Die in den 90-er Jahren einsetzende Privatisierungsfrage warf den Ansatz der Leistungsfokussierung neu auf. Außerdem sollte neben der Beförderung eine Möglichkeit geschaffen werden, Leistungen des Mitarbeiters gerecht zu honorieren.[107] Die kaum vorhandene Verbindung, welche zwischen der Leistung des Beamten und seiner Besoldung existiert, wurde bereits zum damaligen Zeitpunkt von der Studienkommission kritisiert. Dadurch wurde offen dargelegt,

---

[105] Vgl. Krauss-Hoffmann, P., Monetäre Leistungsanreize im Öffentl. Sektor, 2002, Kapitel 06.16, S.1f..

[106] Vgl. Freie Hansestadt Bremen, o. V., Personalmanagementkonzept für den Konzern Freie Hansestadt Bremen, 2000, Seite 53ff..

[107] Vgl. Bönder, T., Neue Leistungselemente in der Besoldung – Anreiz oder Flop?, 1999, S. 11 und vgl. Krauss-Hoffmann, P., Monetäre Leistungsanreize im Öffentl. Sektor, 2002, Kapitel 06.16, S.2f..

dass verschiedene Leistungsanforderungen z. T. mit der gleichen Besoldungsgruppe umgesetzt wurden. Ebenfalls sind noch heute Beamte mit gleichen Tätigkeiten nicht übereinstimmenden Besoldungsgruppen zugeordnet. Frustration und Missgunst innerhalb von Abteilungen ist daher durchaus zu verstehen. Leider ist damit auch ein Zustand von Demotivierung, welche eine allgemeine Leistungsreduktion zur Folge hat zu erklären.[108] Die Studienkommission hat damit festgestellt, dass im Besoldungssystem nicht genügend Leistungselemente vorhanden sind.[109] In ähnlich desolatem Zustand ist gemäß Krauss-Hoffmann die Vergütungssituation von Angestellten nach dem Bundes-Angestelltentarifvertrag (BAT). Er erkannte, dass u. a. die ungenügende Fokussierung an den subjektiven Gegebenheiten bei der Eingruppierung und das Fehlen eines Bewertungssystems für die konkrete Verteilung von Tätigkeitsmerkmalen zu den einzelnen Vergütungsgruppen offensichtlich sind. Eine zu unpersönliche und damit pauschale Einordnung in das Besoldungs- und Vergütungssystem war für ihn damit nachvollziehbar.[110] Auch heute noch ist feststellbar, dass das Besoldungs- und Vergütungssystem von Kommunalverwaltungen sehr nach Bildungsabschlüssen gerichtet ist und leider wenige Leistungsanreize beinhaltet. Ein System, welches an den auszuführenden Tätigkeiten und gleichzeitig an den erbrachten Leistungen orientiert ist, wurde bereits damals von der Studienkommission protegiert und sollte auch heute noch Unterstützung finden, um Gerechtigkeit herzustellen.[111] Wie materielle, monetäre Leistungsanreize in Besoldung und Vergütung in kommunalen Verwaltungen heute aussehen, was ihre Voraussetzungen sind und wo es Fehlentwicklungen gegeben hat, wird im Folgenden erläutert.

---

[108] Vgl. Becker, H., Arbeitsmoral und Leistungsbereitschaft, 1997, S. 238.

[109] Vgl. Bönders, T., Neue Leistungselemente in der Besoldung – Anreiz oder Flop?, 1999, S. 11 sowie vgl. Krauss-Hoffmann, P., Monetäre Leistungsanreize im Öffentl. Sektor, 2002, Kapitel 06.16, S.3.

[110] Vgl. Krauss-Hoffmann, P., Monetäre Leistungsanreize im Öffentl. Sektor, 2002, Kapitel 06.16, S.2f..

[111] Vgl. Bierfelder, W., Reform des öffentlichen Dienstrechts, 1976, Seite 1410 sowie vgl. Krauss-Hoffmann, P., Monetäre Leistungsanreize im Öffentl. Sektor, 2002, Kapitel 06.16, S.3.

3.1 Rechtsgrundlagen der Besoldung und Vergütung in der Kommunalverwaltung

Im Nachstehenden werden die unterschiedlichen gesetzlichen bzw. tariflichen Bestimmungen aufgezeigt.

Der gesetzliche Anspruch eines Kommunalverwaltungsbeamten auf Besoldung leitet sich aus § 3 BBesG ab. Hierbei greift gemäß Art. 33 V GG das Alimentationsprinzip, wonach der Dienstherr dem Beamten und dessen Familie eine dem Amt und den allgemeinen Lebensverhältnissen entsprechende Besoldung zu gewähren hat.[112] Beamtenbesoldungen in Kommunalverwaltungen setzen sich gemäß § 1 II Nr. 1-6 BBesG aus den allgemeinen Elementen zusammen: Grundgehalt gemäß § 27 BBesG, leistungsunabhängigem Familienzuschlag,[113] Amtszulagen und Stellenzulagen gemäß § 42 BBesG, Vergütungen und bei gegebenem Anlass aus Auslandsdienstbezügen, Leistungsprämien und Leistungszulagen sowie auch sonstigen Bezügen, wie z. B. Urlaubsgeld, Weihnachtsgeld und vermögenswirksamen Leistungen.[114] Hierfür dienen verschiedene Rechtsgrundlagen als Leitlinien der Umsetzung, wie u. a. das BRRG, das BBG, das BBesG und die BLV. Der Bund hat hierbei die volle Gesetzgebungskompetenz, daher gelten sie unmittelbar auch für Kommunen.[115] Die Bundesländer sind befugt und beauftragt, diese Gesetze mit länderspezifischen Besonderheiten auszufüllen und umzusetzen.

Für den Angestellten gilt der Grundsatz, dass er für seine Pflichterfüllung einen Anspruch auf angemessene Vergütung gegenüber der Kommunalverwaltung geltend machen kann. Die geleistete Arbeit und die erhaltene Vergütung sollen gerecht und

---

[112] Vgl. BMI, Der öffentliche Dienst in Deutschland, 2002, S. 114 und vgl. Wind, F.; Schimana, R.; Wichmann, M., Öffentliches Dienstrecht, 1998, S. 325.

[113] Vgl. BMI, Der öffentliche Dienst in Deutschland, 2002, S. 122 und vgl. www.dbb.de, 11.05.2004. Vor der Dienstrechtsreform wurde der Familienzuschlag als Ortszuschlag nach § 39 BBesG bezeichnet. Dieser wurde in der ersten Stufe sowie die allgemeine Zulage in die neue Grundgehaltsstufe implementiert.

[114] Vgl. Ziegler, U., Leitfaden Besoldungsrecht, 1988, S. 5 und 57ff.; vgl. BMI, Der öffentliche Dienst in Deutschland, 2002, S. 115, 123f. und vgl. Ilbertz, W.; Stiller,T., Öffentliches Dienstrecht, 1991, S.27.

[115] Vgl. BMI, Der öffentliche Dienst in Deutschland, 2002, S. 59.

fair sein.[116] Hierbei gelten in Kommunalverwaltungen das individuelle Recht (Arbeitsvertrag), sowie das kollektive Recht (Tarifverträge)[117]. Weiterhin wird das Angestelltenrecht durch Berufsverbandsrecht, Arbeitskampfrecht, Schlichtungsrecht und Personalvertretungsrecht bestimmt.[118] Außerdem ist das Angestelltenrecht durch das Arbeitnehmerschutzrecht und das Verfahrensrecht bestimmt. Im Folgenden wird die Orientierung hauptsächlich auf dem BAT mit den ihn ergänzenden Tarifverträgen liegen, da diese die Grundlage für die Zusammensetzung der Vergütung bilden. Diese setzt sich gemäß § 26 I BAT aus dem Grundgehalt und dem Ortszuschlag[119] zusammen.[120] Aber auch Angestellte von Kommunalverwaltungen können wie Beamte diverse Zulagen erhalten. Diese bestimmen sich nach § 33 BAT.

Die Höhe der Grundvergütung bestimmt sich bei Kommunalverwaltungsangestellten, wie auch bei den meisten anderen Angestellten des öffentlichen Dienstes, über die Vergütungsgruppe und die Lebensaltersstufe, die vom Arbeitgeber festgesetzt wird. Die Eingruppierung bedeutet das Herunterbrechen von Tätigkeitsmerkmalen unter tariflich fixierte Beschreibungen von Tätigkeiten. Die folgende Abbildung macht deutlich, was die Haupteingruppierungskriterien sind.[121]

---

[116] Vgl. Linde, P., Angestellte im öffentlichen Dienst II, 1991, S. 1.

[117] Vgl. Linde, P., Angestellte im öffentlichen Dienst I und II, 1991, S. 8ff.; vgl. BMI, Der öffentliche Dienst in Deutschland, 2002, S. 87 sowie vgl. Ilbertz, W.; Stiller, T., Öffentliches Dienstrecht in der Bundesrepublik Deutschland, 1991, S.3. Als Tarifverträge gelten demnach Absprachen zwischen den Tarifvertragsparteien, wie Gewerkschaften, Arbeitgeberverbänden, Arbeitgebern, die Rechtsstatus durch die Bevollmächtigung durch den Staat erhalten. Da sie zwischen den Tarifvertragsparteien frei ausgehandelt wurden, haben sie die Funktionen des Schutzes, Verteilens, der Ordnung und des Friedens. Inhaltlich werden die Pflichten der Arbeitgeber wie auch der Arbeitnehmer geregelt u. a. die Vergütungspflicht, die Arbeitspflicht und die Friedenspflicht u. ä..

[118] Vgl. Linde, P., Angestellte im öffentlichen Dienst I, 1991, S. 4.

[119] Vgl. Linde, P., Angestellte im öffentlichen Dienst II, 1991, S. 173f. und vgl. BMI, Der öffentliche Dienst in Deutschland, 2002, S. 134. Der Ortszuschlag wurde zum Ziel des Ausgleichs von örtlichen Differenzen implementiert. Das heißt Differenzen in Lebenshaltungskosten sollten ausgeglichen werden. Heute ist es die Absicht des Ortszuschlages, soziale Unterschiede zu minimieren, wie die sich aufgrund von Familienstand und Situation ergebenden. Das bedeutet, es gibt verschiedene Stufen, die erste bezieht sich auf ledige u. ä. Personen, die zweite Stufe richtet sich an verheiratete, verwitwete und geschiedene Angestellte.

[120] Vgl. Ilbertz, W.; Stiller,T., Öffentliches Dienstrecht, 1991, S.37 und vgl. BMI, Der öffentliche Dienst in Deutschland, 2002, S. 128.

[121] Vgl. Linde, P., Angestellte im öffentlichen Dienst II, 1991, S. 10ff..

Abbildung 4: Haupteingruppierungskriterien

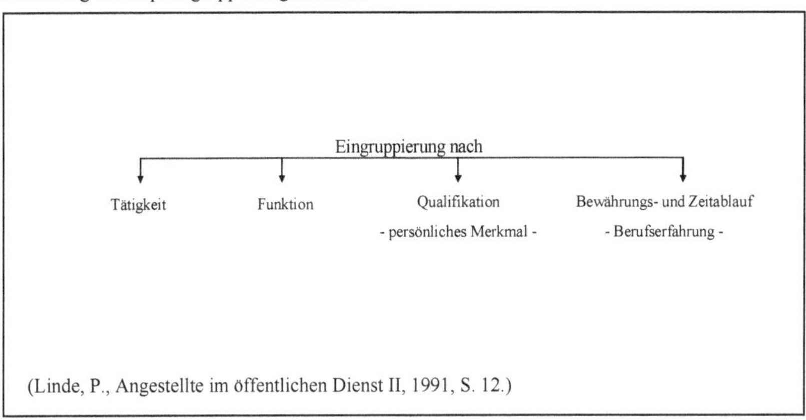

(Linde, P., Angestellte im öffentlichen Dienst II, 1991, S. 12.)

3.2 Leistungsorientierte Besoldung in der Kommunalverwaltung

Leistungsorientierte Bestandteile der Beamtenbesoldung sind mittlerweile als normal zu bezeichnen. Jedoch erst durch die am 1. Juli 1997 in Kraft getretene Dienstrechtsreform ermöglichte der Gesetzgeber das Instrument von Leistungsbestandteilen, wie Leistungsprämien, Leistungszulagen und Leistungsstufen[122], auch in Kommunalverwaltungen anzuwenden. Bis zu diesem Zeitpunkt war es nur den inzwischen privatisierten Bundesunternehmen, wie Bahn, Telekom oder auch Post, vorbehalten. Es war das Postministerium[123], das 1989 diesen Weg beschritt und ein derartiges System etablierte. Das Dienstrechtsreformgesetz vom 24. Februar 1997 ermöglichte somit allen Beamten

[122] Im Folgenden näher erläutert. Die Dienstrechtsreform von 1997 beinhaltete vor allem Änderungen von BRRG, BBG, BBesG, BVersG, DRiG und BLVO. Siehe vgl. Lecheler, H., Reform oder Deformation?, 1997, S. 206.

[123] Vgl. Tondorf, K., Leistungszulagen als Reforminstrument, 1997, S. 64; vgl. Mezger, E., Was leisten Leistungsanreize?, 2002, S. 1; vgl. Göser, H.; Schlatmann, A., Leistungsbezahlung in der Besoldung, 1998, S. 54 und vgl. Schlatmann, A., Leistungsbezahlung im öffentlichen Dienst, 1999, S. 109 und 117.

der Besoldungsordnung A eine neue Art des Motivationsanreizes.[124] Kritiker wie Krauss-Hoffmann bemängelten die zuvor bestehende Besoldungsstruktur, da sie die individuelle Leistung nicht entsprechend würdigte.[125] Die letzte Dienstrechtsreform geht auf die Initiative der Bundesländer zurück.[126] Gerade dies ist bemerkenswert, denn Besoldungen werden einseitig durch den Gesetzgeber ohne Tarifverhandlungen festgelegt. Da sich der Beamte laut § 54 Satz 1 BBG sowie gemäß Art. 33 II GG den hergebrachten Grundsätzen seiner Amtsausübung zur Erbringung von maximaler Leistung verpflichtet, ist fraglich, ob zusätzliche Leistungsanreize überhaupt notwendig sind.[127] Leider findet sich im Gegenzug in Art. 33 III GG der Alimentationsgrundsatz, der dem Beamten ein regelmäßiges und damit gleich hohes Einkommen zusichert. Daher haben z. B. Leistungsprämien für Beamte einen eher symbolischen Charakter. Denn wenn motivierte Beamte für ihre Leistungen besonders belohnt werden, so enttarnt sich die Forderung der vollen Hingabe und maximalen Leistungserbringung an alle Beamten als eine Papierforderung.

Auch wenn die Beamtenbesoldung einen sehr rechtlichen Charakter hat, so darf nicht verkannt werden, dass gewisse Parallelen zum Leistungsgedanken der Privatwirtschaft offensichtlich sind. Zwar wird der Leistungsgedanke nicht explizit erwähnt, aber Ansätze zur Definierung sind vorhanden, siehe hierzu bspw. § 18 BBesG, der etwas über die besoldungsrechtliche Bewertung der einzelnen Dienstposten aussagt. Der Leistungsgrundsatz wird in der Angemessenheit des Unterhaltsanspruchs, der

---

[124] Hierbei ist anzumerken, dass für Beamte der Besoldungsordnung B (sprich Beamte mit festen Besoldungen) keine derartige Leistungsanreizimplementierung vorgesehen ist. Siehe hierzu vergleichend www.bmi.bund.de/top/dokumente/pressemittleilung/ix_94032.htm, 17.06.2004 bzw. vgl. Krauss-Hoffmann, P., Monetäre Leistungsanreize im Öffentl. Sektor, 2002, Kapitel 06.16, S.11 und vgl. Bönders, T., Neue Leistungselemente in der Besoldung – Anreiz oder Flop?, 1999, S. 11 sowie vgl. Tondorf, K., Leistungszulagen als Reforminstrument, 1997, S. 7.

[125] Vgl. Krauss-Hoffmann, P., Monetäre Leistungsanreize im Öffentl. Sektor, 2002, Kapitel 06.16, S.11.

[126] Der Bundesrat sah Notwendigkeit mehr Leistungsorientierung in Besoldungssystem zu integrieren. Dieses sollte jedoch aufgrund von Hauhaltsmittelknappheit nur unter Kostenneutralität erfolgen. Vgl. Bundesrat, Beschuss Nr. 270/94 zur leistungsorientierten Umgestaltung des Besoldungssystems, 08.07.1994.

[127] Vgl. Ziegler, U., Leitfaden Besoldungsrecht, 1988, S. 5f. und vgl. Krauss-Hoffmann, P., Monetäre Leistungsanreize im Öffentl. Sektor, 2002, Kapitel 06.16, S.12 sowie vgl. Bönders, T., Neue Leistungselemente in der Besoldung- Anreiz oder Flop?, 1999, S. 11.

Höhe der Besoldung und der Abstufung der Grundgehälter untereinander deutlich.[128] Auch Bönders unterstützte bei der Forderung nach expliziter Leistungshonorierung die Feststellung der Studienkommission, welche Leistungsanreize in Form von Leistungszulagen und Leistungsprämien für einen geringen Prozentsatz der Mitarbeiter als legitim erachtete.[129] Bei dieser Annahme wird Bönders auch von Dulisch protegiert, da dieser das von Lutz von Rosenstiel erforschte Modell des motivischen Verhaltens in Organisationen als Beweis darlegt. Dieses beschreibt die engen Zusammenhänge zwischen Anreiz und Leistungsverhalten.[130] Die von Kritikern hierbei gern angeführte Bemerkung, dass Anreize differieren müssen, da Geld nicht immer und bei jedem eine positive Verhaltenswirkung habe, soll hierbei nicht näher untersucht werden. Krauss-Hoffmann befürwortet die Feststellung, dass Geldzuwächse als praktikable Motivatoren bezeichnet werden, wobei er jedoch nicht die essentielle Bedeutung von immateriellen Anreizen negieren möchte. Er ist der Meinung, dass diese als zweckmäßige Unterstützung von monetären Anreizen einen positiven Effekt innehaben.[131] Bereits im Jahr 1993 initiierte der Kommunale Arbeitgeberverband NRW Pilotprojekte zu Leistungsanreizsystemen in Kommunen. Am 24. Februar 1997 wurde das Dienstrechtsreformgesetz verkündet und im Juli 1997 kam daraufhin die Umsetzung mit der Möglichkeit der Zahlung von einmaligen Leistungsprämien oder befristeten Leistungszulagen sowie die Stufenverweilverkürzung bzw. -verlängerung hinzu. Um die Unterschiede zwischen bisher im Dienstrecht verwendeten Leistungsbegriffen und neuen Elementen der Leistungsorientierung im öffentlichen Dienst aufzuzeigen, findet sich in Anlage 4 eine detaillierte Übersicht.

Denn Leistungsorientierung gab es auch vor der Dienstrechtsreform von 1997, z. B. durch die unterschiedlichen Grundgehaltssätze gemäß § 27 I und II BBesG. Das heißt, dass der Stelleninhaber eine seinen Aufgaben und Qualifikationen entsprechende Besoldung erhält. Die Landesregierung NRW merkte jedoch in ihrem Bericht zur Reform im Jahr 2003 an, dass das damalige Entgeltsystem als unproduktiv gelten musste und die Versorgung der Beamten den Staat vor massive Finanzprobleme

---

[128] Vgl. Kubin, E., Leistungsbewertung, 1967, S. 44ff..

[129] Vgl. Bönders, T., Neue Leistungselemente in der Besoldung, 1999, S.11

[130] Vgl. Dulisch, F., Leistungsprämien als Motivationsanreiz, 1996, S. 53ff.

[131] Vgl. Krauss-Hoffmann, P., Monetäre Leistungsanreize im Öffentl. Sektor, 2002, Kapitel 06.16, S.12.

stellt.[132] Daher war die im Jahr 1997 umgesetzte Dienstrechtsreform ein Zeichen der Bundesregierung, die Motivation der Beamten weiter zu vergrößern, ihren Leistungswillen und ihrer Kreativität neue Ansätze zu geben sowie auch den Dienstherren mehr Freiräume in personalpolitischen Fragen zu ermöglichen. Hierbei war natürlich eine Modernisierung des Besoldungssystems von exorbitanter Bedeutung, da auch die leistungsbezogene Besoldung einen bedeutenden Stellenwert einnehmen sollte. Andere Aspekte, wie die Stärkung des Leistungsprinzips im Laufbahnrecht oder die Teilzeitbeschäftigungsmöglichkeiten, sollten ausgebaut werden.[133] Die Dienstrechtsreform von 1997 wurde auf der Bundesebene initiiert. Daher enthält § 42a I Satz 1 BBesG das Recht zum Erlass von Verordnungen über die Gewährung von Prämien und Leistungen für besondere Leistungen auf Landesebene. Parallel wurde § 27 II Satz 5 BBesG verändert und damit auch Landesverordnungen über das leistungsabhängige Aufsteigen in den Gehaltsstufen zugelassen.[134] Dieses Landesrecht nutzte z. B. Hessen, indem die Hessische Verordnung über die Gewährung von Prämien und Zulagen für besondere Leistungen (HLPZV) am 4. November 1998 erlassen wurde.[135] Die von den Landesregierungen erlassenen Prämien und Zulagen sowie Stufenverordnungen gelten dann in den jeweiligen Kommunal- und Landesverwaltungen.

---

[132] Vgl. Landesregierung des Landes NRW, Bericht der Regierungskommission zur Reform der Verwaltung (Kurzform), 2003. S. 3.

[133] Vgl. Bundesregierung, Moderner Staat- Moderne Verwaltung, Berlin, 1999, S. 19 f. und vgl. Freie Hansestadt Bremen, o. V., Personalmanagementkonzept für den Konzern Freie Hansestadt Bremen, 2000, Seite 53f..

[134] Zur Leistungsstufenverordnung und zur Leistungsprämien und –zulagenverordnung wurde von der Bundesregierung am 21.08.2002 eine Änderung mit Rückwirkung zum 1.1.2002 erlassen.

[135] Vgl. Sicht des Bundesinnenministeriums auf folgender Homepage. www.bmi.bund.de/top/ dokumente/Pressemitteilung/ix_94032.htm, 17.06.2004 und vgl. Krauss-Hoffmann, P., Monetäre Leistungsanreize im Öffentl. Sektor, 2002, Kapitel 06.16, S.12.

3.2.1 § 27 BBesG

Grundsätzlich bestimmt sich das Grundgehalt gemäß § 19 I Satz 1 und 2 BBesG über das verliehene Amt, der dementsprechenden Besoldungsgruppe und dem Besoldungsdienstalter.[136] Einen markanten Einfluss hat § 28 I und II BBesG auf das Aufsteigen in den Dienstaltersstufen.[137] Die durch die Dienstrechtsreform initiierten Änderungen des § 27 BBesG gelten für Kommunalverwaltungsbeamte jedoch nur, wenn gemäß § 27 III Satz 5 BBesG das jeweilige Bundesland eine Landesverordnung als Ermächtigungsgrundlage erschaffen hat. Demnach sind Sanktionsmöglichkeiten für leistungsschwache Beamte bzw. Leistungshonorierungen für leistungsstarke Beamte in Kommunalverwaltungen nach § 27 III Satz 5 BBesG nicht vorher umsetzbar.[138]

In § 27 I und II in Verbindung mit der Anlage IV (der Grundgehaltstabelle) BBesG ist eine positive Veränderung des BBesG zu finden. Diese Tabelle enthält weniger Stufen und andere Beträge, welche innerhalb einer Besoldungsgruppe zu unterschiedlichen Steigerungsbeträgen führen. Zusätzlich kann das Endgrundgehalt der jeweiligen Besoldungsgruppe meist erst später erreicht werden. In Anlage IV des BBesG ist die Veränderung der zeitlichen Intervalle des Aufsteigens in Besoldungsgruppen sichtbar.[139] Das bis dahin geltende Prinzip der von der subjektiven Leistung unabhängigen Erhöhung des Grundgehaltes im Zweijahresrhythmus wurde abgeschafft.[140] Das bedeutet, dass gemäß § 27 II BBesG das Grundgehalt der Beamten bis zur fünften Stufe alle zwei Jahre und bis zur neunten Stufe alle drei Jahre steigt sowie alle weiteren Stufen im Abstand von vier Jahren erreicht werden. Bereits im Entwurf dieser Tabellenneuerung wurde vom Bundesinnenministerium festgestellt, dass gera-

---

136 Nach Wind, Schimana und Wichmann beginnt das Besoldungsdienstalter (BDA) am ersten Tag des Monats, in dem der Beamte das 21. Lebensjahr vollendet. Siehe hierzu. Wind, F.; Schimana, R.; Wichmann, M., Öffentliches Dienstrecht, 1998, S. 337.

137 Vgl. Ziegler, U., Leitfaden Besoldungsrecht, 1988, S. 15 und 21.

138 Vgl. Wind, F.; Schimana, R.; Wichmann, M., Öffentliches Dienstrecht, 1998, S. 334 und vgl. Bundesinnenministerium, Erfahrungsbericht zur Dienstrechtsrefom, 14.06.2001, S. 18..

139 Vgl. www.dbb.de, 11.05.2004. Allerdings wurden auch gemäß § 13 BBesG Ausgleichszahlungen veranlasst. Sprich Beamte haben durch die Dienstrechtsreform von 1997 keine geringere als die bisher erhaltene Besoldung bekommen. Dies ist durch Art 14 § 1 das Gesetz zur Reform des öffentlichen Dienstrechts (Reformgesetz) vom 24.02.1997 in Form von Überleitungszulagen veranlasst.

140 Vgl. Göser, H.; Schlatmann, A., Leistungsbezahlung in der Besoldung, 1998, S.3.

de in jüngeren Jahren ein expliziter Zuwachs an Erfahrungen stattfindet, die sich auch in der Grundbesoldung wiederfinden sollten. Daher sollte kein extremer Besoldungszuwachs im mittleren oder letzten Drittel der Berufstätigkeit stattfinden.[141] Außerdem wurde die Anzahl der Stufen von ehemals 15 auf 12 reduziert.

Eine Verringerung der Wartezeit für den Aufstieg innerhalb der Besoldungsgruppe ist möglich bei dauerhaft exzellenter Leistung.[142] Das alte Dienstalterstufenaufstiegssystem weckte das Empfinden der leistungsunabhängigen Besoldung. Der Wechsel des zeitlichen Abstandes zwischen Grundgehaltsstufen sowie die Möglichkeit von Veränderungen in der Stufenverweildauer ist somit ein wesentlicher Fortschritt. Das vom Bundesinnenministerium angestrebte System der Berücksichtigung von fachlicher Leistung ist eine neue positive Art und Weise der Personalführung.[143] Leistungsorientierung gemäß § 27 III Satz 1 und 3 BBesG ist die Ermöglichung in allen Laufbahngruppen von Stufenverkürzungsverweildauern bei dauerhafter Erbringung von besonders guten Leistungen bzw. die Verlängerung des Aufenthalts in einer Stufe aufgrund von negativer Leistungserbringung. D. h., die Leistung des Beamten entspricht nicht der Normalleistung. Allerdings besteht die Möglichkeit von längeren Stufenverweildauern nur, wenn der Beamte gemäß § 27 III und IV BBesG frühzeitig auf seine negativen Leistungen hingewiesen wurde und damit die Gelegenheit hatte, seine Leistungen zu verbessern. Dessen ungeachtet ist keine genaue Angabe im Gesetz enthalten, wie lange diese Aufstiegsverzögerung dauern kann.[144] Diese Aufstiegsmöglichkeit kann nur bis zu 15% der zum 1. Januar des jeweiligen Jahres tätigen Beamten betreffen.[145] Hiermit wird deutlich gemacht, dass in der Besoldungsord-

---

[141] Vgl. Schreiben des Bundesinnenministeriums an den Senator für Finanzen Bremen, 04.11.1994, S. 3.

[142] Vgl. Lecheler, H., Reform oder Deformation?, 1997, S. 208 und vgl. Wind, F.; Schimana, R.; Wichmann, M., Öffentliches Dienstrecht, 1998, S. 335.

[143] Vgl. Krauss-Hoffmann, P., Monetäre Leistungsanreize im Öffentl. Sektor, 2002, Kapitel 06.16, S.13 und vgl. Schlatmann, A., Leistungsbezahlung im öffentlichen Dienst, 1999, S. 110.

[144] Vgl. Bönders, T., Leistungselemente in der Besoldung – Anreiz oder Flop?, 1999, S. 14.

[145] Vgl. hierzu die Stellungnahme auf der Seite des Bundesinnenministeriums: www.bmi.bund.de/top/dokumente/Pressemitteilung/ix_94032.htm, 17.06.2004 und vgl. Göser, H.; Schlatmann, A., Leistungsbezahlung in der Besoldung, 1998, S.17f. u 36..

nung A[146] von der automatischen Besoldungserhöhung durch Erreichen der nächsten Dienstaltersstufe Abstand genommen wurde und vielmehr eine Leistungsorientierung eingefügt wurde, wobei jedoch der Grundrhythmus im Aufstieg erhalten bleibt. Eine kontinuierliche Leistungskontrolle wird daher nötig.[147] Positiv ist hierbei die Abschaffung einer gleichen Besoldung für gute wie schlechte Leistung. Bei der Definierung des Leistungsbegriffs lässt § 27 BBesG sehr großen Spielraum. Göser und Schlatmann sehen dies auch als legitim an, denn ihrer Meinung nach ist in Kommunalverwaltungen keine Einigung auf einen Begriff möglich, da die Tätigkeiten sehr voneinander abweichen. Sie sind der Meinung, dass nur ein offener Begriff wie in § 27 BBesG zeigt, wie groß die Aufgabenvarianz in Kommunalverwaltungen ist.[148] Das praktische Verfahren zur Ermittlung von leistungsstarken Beamten gliedert sich in verschiedene Schritte. Als erstes werden die oben genannten 15% der in Frage kommenden Beamten ermittelt. Dafür werden die mit Höchstnoten in den letzten Regelbeurteilungen bewerteten Beamten betrachtet, des Weiteren die mit Zweithöchstnoten bewerteten Beamten, die nur aufgrund der Wertung des Zweitbeurteilers keine Höchstnote erhielten, sowie Beamte, die zwar keine Höchstnote hatten, aber sich zum Honorierungszeitpunkt durch Höchstleistungen auszeichneten. Beamte mit schlechteren Noten dürfen nicht in die Betrachtung mit hineingelangen. Damit soll von einer wirklichen Höchstleistung ausgegangen werden. Außerdem soll die Quote nicht um jeden Preis ausgeschöpft werden. Es besteht kein automatischer Anspruch auf eine Stufenverkürzungsverweildauer, nur weil in der Regelbeurteilung Höchstleistungen bestätigt wurden.[149] Grundsätzlich muss festgestellt werden, dass das System nach § 27 BBesG ein System unterhalb der Beförderung und mit geringerer Rechtsqualität implementiert. Das Management der Kommunalverwaltung erhält die Möglichkeit, zeitgleich sehr gute Leistungen zu honorieren, ohne sofort eine unwiderruf-

---

[146] Vgl. Gösmann, S., Nachschlag für fleißige Beamte, 1999, S. 1. Besoldungsordnung B gilt für politische Beamte. § 27 BBesG gilt nicht für Beamte, die sich in der laufbahnrechtlichen Probezeit befinden.

[147] Vgl. Göser, H.; Schlatmann, A., Leistungsbezahlung in der Besoldung, 1998, S.3 und 7; vgl. Schlatmann, A., Leistungsbezahlung im öffentlichen Dienst, 1999, S. 111; vgl. Wind, F.; Schimana, R.; Wichmann, M., Öffentliches Dienstrecht, 1998, S. 334 und vgl. Krauss-Hoffmann, P., Monetäre Leistungsanreize im Öffentl. Sektor, 2002, Kapitel 06.16, S.13.

[148] Vgl. Göser, H.; Schlatmann, A., Leistungsbezahlung in der Besoldung, 1998, S.14f..

[149] Vgl. Bönders, T., Neue Leistungselemente in der Besoldung – Anreiz oder Flop?, 1999, S. 13f..

bare Beförderung zu initiieren.[150] Festzuhalten ist in diesem Zusammenhang, dass in Kommunalverwaltungen der Bürgermeister bzw. Landrat für die beamten-, arbeits- und tarifrechtlichen Verfügungen zuständig ist und somit auch die Vergabe von Leistungsstufen veranlassen kann.[151]

3.2.2 § 42a BBesG

Der in § 27 BBesG abgezielte Ansatz der Leistungsorientierung und im Art. 33 II GG verankerte Grundsatz des Leistungsprinzips[152] im Berufsbeamtentum wird unterstützt durch § 42a BBesG. Damit folgt der Gesetzgeber dem Beschluss des Bundesrates Nr. 270/94, der die Einführung weiterer leistungsorientierter Besoldungselemente zum Ziel hatte.[153] § 42a I Satz 1 BBesG beinhaltet die Möglichkeit der Zahlung von Leistungsprämien bzw. Leistungszulagen für besondere persönliche Leistungen. Hierfür muss jedoch eine herausragende und besondere Einzelleistung bzw. unter Umständen auch eine Teamleistung feststellbar sein, damit die gemäß § 42a I Satz 1 und II BBesG wie bei § 27 III Satz 1 BBesG 15% der nach Besoldungsordnung A besoldeten Beamten von dieser Art der Leistungshonorierung profitieren können. Hierbei bleibt dem jeweiligen Landesgesetzgeber freigestellt, ob er eine Bestimmung zur Verteilung der 15% angibt oder diese der Praxis überlässt. Möglich wäre das System der Verteilung nach Köpfen oder Planstellen.[154] Dadurch ist also auch in Teilzeit beschäftigten Beamten die Möglichkeit des Prämien- oder Zulagenerhalts gegeben. Als einmalige Zahlung bis maximal zur Höhe des Anfangsgrundgehaltes erfolgt die Lei-

---

[150] Vgl. Göser, H.; Schlatmann, A., Leistungsbezahlung in der Besoldung, 1998, S.32f.; vgl. Schlatmann, A., Leistungsbezahlung im öffentlichen Dienst, 1999, S. 110 und vgl. Wind, F.; Schimana, R.; Wichmann, M., Öffentliches Dienstrecht, 1998, S. 336.

[151] Vgl. Wind, F.; Schimana, R.; Wichmann, M., Öffentliches Dienstrecht, 1998, S. 335f..

[152] Vgl. Rau, T., Betriebswirtschaftslehre für Städte und Gemeinden, 1994, S. 211 und vgl. BMI, Der öffentliche Dienst in Deutschland, 2002, S. 124 f.

[153] Vgl. Bundesrat, Beschuss Nr. 270/94 zur leistungsorientierten Umgestaltung des Besoldungssystems, 08.07.1994.Göser, H. und vgl. Schlatmann, A., Leistungsbezahlung in der Besoldung, 1998, S.55.

[154] Vgl. Schlatmann, A., Leistungsbezahlung im öffentlichen Dienst, 1999, S. 112; vgl. Göser, H.; Schlatmann, A., Leistungsbezahlung in der Besoldung, 1998, S. 62f.; vgl. Bundesinnenministerium, Erfahrungsbericht zur Dienstrechtsrefom, 14.06.2001, S. 19 und vgl. Krauss-Hoffmann, P., Monetäre Leistungsanreize im Öffentl. Sektor, 2002, Kapitel 06.16, S.13 bzw. vgl. die Stel-

stungsprämie rückwirkend für eine hervorragende Leistung. Die monatliche Leistungszulage kann für maximal 12 Monate in Höhe von 7% des jeweiligen Anfangsgrundgehaltes gemäß § 42a II Satz 6 BBesG gezahlt werden. Sollte ein Leistungsabfall sichtbar werden, kann die Leistungszulage gemäß § 42a II Satz 3 BBesG jederzeit eingestellt werden. Im Vergleich mit der Privatwirtschaft kann in diesem Zusammenhang festgestellt werden, dass Prämien die häufigste Zusatzleistung zum Grundgehalt darstellen. Prämien in der Privatwirtschaft nehmen etwa 23% der Zusatzleistungen ein. Erst an zweiter Stelle steht die betriebliche Altersvorsorge mit ca. 20% und an dritter Stelle der Dienstwagen mit ca. 11%.[155] Hierbei bleibt festzustellen, dass Prämien in der Privatwirtschaft oftmals höher ausfallen als in der Verwaltung. Werden Leistungselemente in der Besoldung nicht hauptsächlich als Bestätigung für sehr gute Leistungen angesehen sondern nur als finanzieller Anreiz, überhaupt höhere Leistungen zu erbringen, dann halten Beschäftigte wie ihre Vorgesetzten diese Zahlungen als zu geringfügig.[156]

Der in § 42a I BBesG angesprochene Leistungsbegriff wird im Folgenden nicht weiter definiert, eine Vorteilhaftigkeit bleibt dadurch fraglich. Der Gesetzgeber ist jedoch der Meinung, dass nur so der Vielschichtigkeit von Leistung Ausdruck verliehen werden kann.[157] Durch § 42a BBesG wird die Möglichkeit der differierenden Besoldung geschaffen. Der Dienstherr kann hervorragende Leistung kurzfristig honorieren und somit ein Element unterhalb der Beförderung nutzen.[158] Grundsätzlich gehören Leistungsprämien und Leistungszulagen zum Element der Zulagen gemäß § 42 BBesG. Sie fallen jedoch nicht unter den Begriff der Stellen- oder Amtszulagen, sondern dienen der Anerkennung von persönlicher Höchstleistung. Damit ist es eine eigenständige Form des Entgeltes innerhalb der Besoldung.[159]

---

lungnahme des Bundesinnenministeriums auf der folgender Seite: www.bmi.bund.de/top/dokumente/Pressemitteilung/ix_94032.htm, 17.06.2004.

[155] Vgl. o. V., Prämien vor Firmenwagen, 19.08.2004, S.79 und

[156] Vgl. Bundesinnenministerium, Erfahrungsbericht zur Dienstrechtsrefom, 14.06.2001, S. 26; vgl. Barthel, T., Prämiensysteme in Kommunalverwaltungen, 08/2004, S. 5. und vgl. Mezger, E., Was leisten Leistungsanreize?, 2002, S. 5, 8.

[157] Vgl. Bönders, T., Leistungselemente in der Besoldung – Anreiz oder Flop?, S. 17 und vgl. Göser, H.; Schlatmann, A., Leistungsbezahlung in der Besoldung, 1998, S. 58.

[158] Vgl. Göser, H.; Schlatmann, A., Leistungsbezahlung in der Besoldung, 1998, S. 58.

[159] Vgl. Göser, H.; Schlatmann, A., Leistungsbezahlung in der Besoldung, 1998, S. 59.

Gemäß § 42a I Satz 1 BBesG steht es den jeweiligen Landesregierungen frei, ob sie nur Leistungszulagen, nur Leistungsprämien oder evt. gar nichts von beidem einführen. Diese Elemente sind wichtig für eine Auflockerung im Besoldungsrecht, da hiermit die grundsätzliche Einheitlichkeit aufgelöst wird und kleine Differierungen in Besoldungshöhen zugelassen werden. Wie § 27 BBesG findet auch § 42a I Satz 1 BBesG nur auf Beamte der Besoldungsordnung A Anwendung und darf nach § 42a III Satz 1 BBesG nur nach haushaltsrechtlichem Vorbehalt angewandt werden.

3.2.3 Reformansätze in der Besoldung

Gerade das Besoldungsrecht sollte nicht auf dem momentanen Stand verharren, sondern sich den Veränderungen weiter anpassen. Dabei bietet das Besoldungsstrukturgesetz (BesStrukG) vom 21. Juni 2002, welches die leistungsorientierten Elemente in der Besoldung vertieft, eine weitere Veränderungsmöglichkeit. Beim Entwurf des BesStrukG sollten u. a. die Einführung von Besoldungsbandbreiten protegiert werden. Dadurch bestände die Möglichkeit der flexibleren Besoldung in den Besoldungsgruppen des gehobenen und höheren Dienstes. Das hieße, eine Bandbreite von drei Besoldungsgruppen zu nutzen und diese dann durch den unmittelbaren Vorgesetzten umsetzen zu lassen und nicht mehr zentral zu verteilen. Jedoch wurde dieser Entwurf so nicht verabschiedet.[160] Dies ist bedauerlich, da Handlungsmöglichkeiten weiter beschnitten sind. Durch diesen Entwurf wäre eine potentielle Eingangsbesoldung in A10 oder gar A11 sogar für einen Diplom-Verwaltungsbetriebswirt (FH) möglich, wenn es der Stellenplan zuließe. Zum derzeitigen Zeitpunkt ist nur eine Eingangsbesoldung von A9 für einen Fachhochschulabschluss umsetzbar.

Ein wichtiges Personalbeschaffungsinstrument wie das eben aufgeführte, ist gerade in Kommunalverwaltungen von Bedeutung. Allerdings betont Krauss-Hoffmann auch bei dieser Dienstrechtsveränderung, dass nicht das Einsparen von Haushaltsmitteln an erster Stelle stehen sollte, sondern diese potentielle Veränderung wirklich in erster Linie der Gewinnung und leistungsgerechten Besoldung von Fachkräften dient. Als

---

[160] Vgl. die Stellungnahme des Bundesinnenministeriums auf der folgender Seite: www.bmi.bund.de/top/dokumente/Pressemitteilung/ix_94032.htm, 17.06.2004, vgl. Krause, F., Landesregierung ringt um Kürzungen beim Personal, 22.09.2004 und vgl. Krauss-Hoffmann, P., Monetäre Leistungsanreize im Öffentl. Sektor, 2002, Kapitel 06.16, S. 20.

schwierig stuft er die Frage der Negierung von Amtsstatus und Besoldungsverbindung ein.[161]

Ein weiterer zu diskutierender und zu begrüßender Vorschlag ist die Umwandlung des Verheiratetenzuschlags in leistungsorientierte Besoldungsbestandteile. Hierbei ist wie bereits bei der Veränderung der Grundgehaltsstufen wichtig, dass, wenn damit ein geringeres Lebenseinkommen verbunden ist, die positive Wirkung negiert wird.[162]

Als letztes Beispiel muss die Möglichkeit der Zulagenvergabe bei vorübergehender Aufgabenerweiterung bzw. Aufgabenaufwertung durch Projekte u. ä. erwähnt werden. Auch dieses Leistungselement in der Besoldung kann motivierend wirken, wenn die Zulage auch nur im Zeitraum der Aufgabenerweiterung gezahlt wird und nicht zu einer Selbstverständlichkeit wird.[163] Denn die Motivation, die durch die Übertragung eines Projekts bewirkt werden kann, sollte nicht durch monetäre Anreize minimiert werden.

Negativ muss das Reformbeispiel des Novellierungsentwurfes der BLV aus dem Jahre 2002 gewertet werden. Zwar wird dabei explizit auf die Verfolgung und Unterstützung des Leistungsgedankens in § 6 des BLV-Entwurfs verwiesen, aber weder das Personalbeurteilungssystem noch die nicht bestehende Pflicht zur Beurteilung von „Endamts"-Beamten bzw. Beamten der Besoldungsordnung B oder die Quotierungsregelung werden grundlegend geändert.[164] Eine objektive Beurteilung und angemessene Verteilung von Leistungshonorierungen rückt damit auch weiterhin in weite Ferne. Daher muss grundsätzlich der Reformwille gelobt werden, jedoch wird deutlich, dass nicht jede Änderung ein für alle Beteiligten positives Ergebnis bringen wird. Hierbei sollte der Frage nachgegangen werden, ob dieses von Regierungsseite

---

[161] Vgl. Studenroth, S., Zeitlich begrenzte Ernennungen im Beamtenrecht, 1997, S. 218 und vgl. Krauss-Hoffmann, P., Monetäre Leistungsanreize im Öffentl. Sektor, 2002, Kapitel 06.16, S. 20f.

[162] Vgl. Krauss-Hoffmann, P., Monetäre Leistungsanreize im Öffentl. Sektor, 2002, Kapitel 06.16, S. 21.

[163] Vgl. Krauss-Hoffmann, P., Monetäre Leistungsanreize im Öffentl. Sektor, 2002, Kapitel 06.16, S. 21.

[164] Vgl. Krauss-Hoffmann, P., Monetäre Leistungsanreize im Öffentl. Sektor, 2002, Kapitel 06.16, S. 22.

bzw. Amtsinhabern vielleicht auch gar nicht gewünscht ist. Nicht zu vergessen ist, dass die Beamtenbesoldung eine von der Regierungsseite einseitig zu beschließendes Element darstellt und daher der Finanzierungseinspargedanke hierbei immer von großer Priorität sein wird.

3.2.4 Spitzenorganisationen der Beamten

Da die Besoldung einseitig festgelegt wird, ist so eine starke Stellung des Deutschen Beamtenbundes (DBB) wie die der Gewerkschaften für den Öffentlichen Dienst nicht möglich. Auch wenn der DBB in der Wichtigkeit und Entscheidungsbefugnis nicht mit einer Tarifpartei wie ver.di verglichen werden kann, kommt dem DBB das Recht der Beratung zu. Vor der gesetzlichen Verabschiedung bezüglich besoldungsrechtlicher Regelungen ist der DBB zu beteiligen. Bundes- und Landesregierung bleibt jedoch das Recht, sich gegen die Anregungen des DBB zu entscheiden.[165] Nach Einführung von Personalinstrumenten, wie § 42a BBesG oder der Veränderung von § 27 BBesG, vertreten die Gewerkschaftsvertreter die Meinung, dass das anvisierte Ziel nicht erreicht werden konnte. Vielmehr wird die Meinung vertreten, dass durch die Dienstrechtsreform von 1997 noch mehr Sparmöglichkeiten erschlossen werden sollten. Außerdem werden weit reichende Implementierungsschwierigkeiten diagnostiziert. Der DBB merkt an, dass zur Umsetzung von Leistungsorientierung ein flexibleres Beamten- und Laufbahnrecht genauso nötig ist wie ein modernes Haushaltsrecht oder auch die Vereinfachung von Bezahlungssystemen. Negativ merken die Beamtenvertreter an, dass der Personalrat bei konkreten Fällen des Stufenaufstiegs kein Recht der Mitbestimmung hat. Allerdings steht ihnen nach §§ 67, 68 BPersVG ein Beteiligungsrecht in Form von einem Informations- und Überwachungsrecht zu. Ihnen ist das Recht gegeben, bei Kriterienkatalogen u. ä. für abstrakt- generelle Fälle nach § 75 III Nr.4 BPersVG mitzuarbeiten und mitzubestimmen.[166] Im Jahre 1997 nahm der Deutsche Gewerkschaftsbund sogar die Position ein, dass er die Vereinbar-

---

[165] Vgl. Ilbertz, W.; Stiller,T., Öffentliches Dienstrecht, 1991, S.45.

[166] Vgl. Wind, F.; Schimana, R.; Wichmann, M., Öffentliches Dienstrecht, 1998, S. 336; vgl. Schlatmann, A., Leistungsbezahlung im öffentlichen Dienst, 1999, S. 113ff.; vgl. Göser, H.; Schlatmann, A., Leistungsbezahlung in der Besoldung, 1998, S. 114f.; vgl. Bönders, T., Leistungselemente in der Besoldung – Anreiz oder Flop?, S. 20 und vgl. Schulte, T., Leistungsabhängige Bezahlung aus der Sicht des Deutschen Beamtenbundes, 2001, S. 24ff..

keit des Alimentationsprinzips mit Leistungszulagen als unmöglich bezeichnete. Er befürwortet erst deren Einführung, wenn das Wort Leistung eine klare Definition erfährt.[167] Der DBB nimmt auf seiner Homepage explizit Stellung zur Dienstrechtsreform. Zur leistungsbezogenen Besoldung ist er der Meinung, dass durch die Einführung von Leistungsstufen, -prämien und -zulagen eine erhöhte Anforderung an Personalverantwortliche gegeben ist.

3.3 Leistungsorientierte Vergütung in der Kommunalverwaltung

Nach dieser Bestandsaufnahme der Besoldungsgrundlagen sowie der Möglichkeit von Leistungsorientierung in der Besoldung von kommunalen Beamten werden im Folgenden die Ansätze der leistungsorientierten Vergütung der Angestellten in der Kommunalverwaltung behandelt. Auch bei Angestellten soll vergleichend auf die Privatwirtschaft hingewiesen werden. Groothuis verweist darauf, dass sich der Anteil der variablen Vergütung auf immerhin 25-40% bei Mitarbeitern des mittleren Managements beläuft.[168] Dieser Wandel wird auch tarifgebundene Mitarbeiter nicht ausschließen. Betriebszugehörigkeit, Loyalität zum Unternehmen, Pflichtbewusstsein und Zuverlässigkeit sind laut Groothius selbstverständlich und werden nicht mehr extra honoriert. Laut ihm erwarten Unternehmensberater, dass die erfolgsabhängige Vergütung in fünf Jahren einen Anteil von 10 bis 15 Prozent haben wird.[169] Dabei wird erneut deutlich, dass die Ziele variabler Vergütung die explizite Motivierung des Mitarbeiters sowie seine Bindung an den Arbeitgeber darstellen. Der von Groothius gehegte Denkansatz kann auf die Kommunalverwaltung in soweit übertragen werden, als dass offensichtlich wird, dass Mitarbeiter ihre Motivation sehr wohl aus einer positiven Vergütungserhöhung für sehr gute Leistungen ziehen können. Des Weiteren weist Bahnmüller, Geschäftsführer des Forschungsinstituts für Arbeit, Technik und Kultur, darauf hin, dass in der privaten Wirtschaft eine Vielzahl an verschiedenen Vergütungsbestandteilen, z. B. Grundentgelt, leistungsbezogenes Entgelt, Bonuszahlung, Prämien, Verkaufsprovision, existent sind. Jedoch verlieren gemäß der von der

---

[167] Vgl. Tondorf, K., Leistungszulagen als Reforminstrument, 1997, S. 75 und vgl. Göser, H.; Schlatmann, A., Leistungsbezahlung in der Besoldung, 1998, S. 112.

[168] Vgl. Groothuius, U., Von Null auf Langsam, 11.03.2004, S.

[169] Vgl. Groothuius, U., Von Null auf Langsam, 11.03.2004, S. 73 sowie vgl. o. V., Wertlose Boni, 12.02.2004, S. 62.

Hans-Böckler-Stiftung in Auftrag gegebenen Studie „Entwicklung der betrieblichen Entgelt- und Leistungsregulierung“ traditionelle Entgeltformen gegenüber neueren Vergütungsformen, wie teambezogenen Leistungsentgelten, individuellen Leistungsentgelten für Teammitglieder oder auch Sonderzuwendungen, an Bedeutung.[170]

Bei Vorstellungsgesprächen wird immer öfter die Frage nach Vergütungsvorstellungen gestellt. In Unternehmen hat sich die Vergütungsgestaltung dahingehend entwickelt, variable Vergütungen abhängig vom Unternehmenserfolg zu zahlen. Dieser Ansatz ist nicht neu, denn bereits in den 70er Jahren wurden tarifliche Zulagensysteme etabliert. Und auch Akkordlohn und Prämienlohn im gewerblichen Bereich setzten sich bereits mit dem Thema der finanziellen Leistungshonorierung auseinander.

Der Arbeitseinsatz der einzelnen Gruppenmitglieder in Privatwirtschaft wie auch Kommunalverwaltung muss gewertet werden, da diese neue Arbeitsstruktur von vermehrtem Einsatz auch in Kommunalverwaltungen ist. Dadurch wird deutlich, dass ein an die veränderte Arbeitsstruktur und damit veränderten Rahmenbedingungen hin zugeschnittenes Entgeltsystem große Bedeutung zukommt.[171] Die Vergütung stellt Mittel der Existenzsicherung des Menschen dar und ist damit ein wichtiger Wertmaßstab des Einzelnen.[172] Daher ist der stete Anreiz für die Gruppe sowie jeden einzelnen Mitarbeiter umzusetzen. Damit sind eine individuelle Leistungsbeurteilung sowie eine Messung des Gruppenergebnisses in der Kommunalverwaltung nötig, was für die Vergütung eine Unterteilung in Grundvergütung nach der Leistung des einzelnen Mitarbeiters sowie einem gruppenbezogenen Entgeltbestandteil bedeuteten würde.

Grundsätzlich kann bei Angestelltenvergütungen in Kommunalverwaltungen festgestellt werden, dass die summarische Methode der Arbeitsbewertung die Basis für die Vergütungsbestimmung bildet. Dabei wird sich an den durch die im BAT differenzierten Gehaltsgruppenverfahren orientiert. Die Höhe der Vergütung ist damit vorrangig von der jeweiligen Stellenbewertung abhängig. Diese Bewertung steht wiederum nur bedingt in direkter Beziehung zur individuellen Arbeitsleistung des Stel-

---

[170] Vgl. Bahnmüller, R., Trends betrieblicher Entgelt- und Leistungsregulierung, 1999, S. 17 und vgl. Krieger, H.; Pekruhl, H., Lohn für Kooperation, 1999, S. 21f..

[171] Vgl. Kempe, M., Wilkahn setzt Signale, 1999, S. 25.

[172] Vgl. Fedrow, T., Personalentwicklung ist Basis für Veränderungsprozesse, 2004, S. 28.

leninhabers. Gemäß Kubin kann durch die Hilfe der Stellenbewertung eine Wertrelation hergestellt werden zwischen den verschiedenen Aufgaben und den damit verbundenen Anforderungen, welche dann in der gleichen Schwierigkeitsstufe durch eine Vergütungsgruppe ausgedrückt wird. Diese Anforderungen sagen etwas aus über die Voraussetzungen, die ein Angestellter für die Erbringung einer Normalleistung[173] erfüllen muss. Das impliziert normale Begabung, normales Können und auch normale Höhe an Fleiß und Arbeitseifer. Die Normalleistung gibt daher den Durchschnittswert an, die durch die Arbeitsbewertung und somit auch über die Höhe der Vergütung, die die einzelne Person erhält, entscheidet. D. h., es gibt feste Relationen von Vergütung zur Arbeitsstellenbewertung. Damit ist es eine sehr objektive Methode, Tätigkeitsanforderungen mit Vergütungshöhen in Verbindung zu bringen. Jedoch werden nur die Anforderungen unter normalen Leistungsvoraussetzungen an den Arbeitsplatzinhaber beziffert. Dessen ungeachtet gibt es erfahrungsgemäß über oder unter dem Durchschnitt liegende Leistungen. Da die Stellenbewertung nur die Durchschnittsleistung beziffert, soll durch die Leistungsbewertung eine subjektbezogene, vom tatsächlichen Arbeitsergebnis abhängige Wertermittlung stattfinden. Unter Leistungsbewertung kann das Einordnen der Leistung in eine bestimmte Rankingliste verstanden werden.[174] Hingegen orientieren sich neueste Entgeltsysteme in der Privatwirtschaft zunehmend an den individuellen Leistungen der Mitarbeiter, da hier die Einsicht vorliegt, eine tatsächliche Bemessung des subjektiven Leistungsbeitrags des einzelnen Mitarbeiters durchzuführen. Nur so ist auch in der Kommunalverwaltung eine auf die Person bezogene Bewertung mit deutlichen Differenzen zur personenunabhängigen Ausrichtung des BAT möglich. Daraus folgt, dass eine subjektive Leistungsbewertung, die zur Höhe der Vergütung führen soll, nur möglich ist, wenn der BAT um persönliche Bewertungskriterien ergänzt werden würde.[175] Dadurch wird deutlich, dass die Kriterien der Arbeitsbewertung und deren Umsetzung immer mehr an Bedeutung verlieren müssen. Trotzdem muss positiv angemerkt werden, dass das alte System der Arbeitsbewertung vergleichsweise leicht und ökonomisch benutzt werden kann. Allerdings eindeutig als Nachteil muss die Wirkung auf den betroffenen Mitarbeiter bezeichnet werden. Dieser kann sich in dem oftmals nur mit

---

[173] Vgl. Tondorf, K., Leistungszulagen als Reforminstrument, 1997, S. 35.

[174] Vgl. Kubin, E., Leistungsbewertung, 1967, S. 14ff. und 154ff..

[175] Vgl. Krauss-Hoffmann, P., Monetäre Leistungsanreize im Öffentl. Sektor, 2002, Kapitel 06.16, S. 4.

Problemen nachvollziehbaren System der Einordnung des individuellen Arbeitsplatzes in einzelne Vergütungsgruppen nur schwer wiederfinden und daher nicht verstehen, warum gerade sein Arbeitsplatz mit der jeweiligen Vergütungsgruppe bewertet ist. Die im Arbeitsvertrag festgeschriebene, als mit dem Arbeitsplatz an den Angestellten übertragene Aufgabe wird also momentan nur mit einer Vergütungsgruppe gleichgesetzt, welche in der Anlage 1a und 1b des VergTV zu finden ist.[176]

3.3.1 Regelungen im BAT

Leistungsorientierung im Geltungsbereich des BAT für Angestellte findet man im § 24 I BAT. Gemäß § 24 I BAT ist eine individuelle Zulage möglich, wenn vorübergehend, aber mindestens ein Monat, eine Tätigkeit ausgeübt wird, die die Merkmale einer höheren Vergütungsgruppe innehat. Bei dieser Art von Zulage kann man feststellen, dass wenig auf die subjektive Leistungsfähigkeit und -bereitschaft abgezielt wird. Stattdessen wird die Anforderung an die vorübergehend ausgeübte Tätigkeit vergütet. Von echter Orientierung an Leistung kann gesprochen werden, wenn der Bewährungsaufstieg gemäß § 23a BAT und der Fallgruppenaufstieg gemäß § 23b BAT angewandt wird. § 23a BAT besagt, dass der Angestellte im Falle der Erfüllung der Anforderungen an seine Tätigkeit automatisch höhergruppiert werden kann. Dies ist als selbstverständliche Veränderung zu bezeichnen, die nur in sehr geringem Ausmaß leistungsorientierte Merkmale in der Vergütung aufzeigt. Der im § 23b BAT beschriebene Fallgruppenaufstieg beinhaltet gleichfalls nur wenig leistungsorientierte Kriterien. Hiernach darf der Angestellte aufgrund von veränderten Tätigkeitsmerkmalen in der Vergütungsordnung aufsteigen. Dabei ist jedoch festzuhalten, dass der Fallgruppenaufstieg erst durch die persönliche Leistungsfähigkeit und -bereitschaft des Angestellten in Ausübung der neuen Tätigkeitsmerkmale möglich wird.[177] Ob diese Art von Vergütung einer wahren Leistungsorientierung entspricht, bleibt jedoch mehr als fraglich.

---

176 Vgl. Krauss-Hoffmann, P., Monetäre Leistungsanreize im Öffentl. Sektor, 2002, Kapitel 06.16, S. 4.

177 Vgl. Krauss-Hoffmann, P., Monetäre Leistungsanreize im Öffentl. Sektor, 2002, Kapitel 06.16, S. 6f..

Ein dem Besoldungsverfahren ähnliches Verfahren beinhaltet § 27C BAT. Die Kriterien hierfür haben Ähnlichkeit zum Verfahren des verkürzten Stufenaufstiegs gemäß § 27 BBesG. Hierbei wird dem Angestellten ein finanzieller Anreiz durch die Vorweggewährung der nächsten Dienstaltersstufe innerhalb der gleichen Vergütungsgruppe gewährt. Gemäß § 27C Satz 1 BAT besteht dabei die Möglichkeit, eine um bis zu vier Lebensaltersstufen höhere Grundvergütung an den Angestellten zu entrichten, sollte die personelle Situation dieses erfordern. Bei dieser Formulierung handelt es sich um einen unbestimmten Rechtsbegriff, der der Auslegung bedarf und somit einen positiven Ansatz der Leistungsorientierung in der Angestelltenvergütung beinhaltet.

Der BAT enthält leider insgesamt sehr wenig monetäre Leistungsanreize. Dafür kann eine Vielzahl an sozialen Unterscheidungszeichen, z. B. Alter und Familienstand, aufgezeigt werden. Diese sind mitentscheidend über die Höhe der jeweiligen Vergütung. Leistungsfokussierung findet nur in dem Sinne statt, dass die Annahme vertreten wird, dass die Einordnung in eine Vergütungsgruppe nur mit erhöhter Leistung der Angestellten aufgrund der fixen Tätigkeitsmerkmale erfolgt.[178] Collisi mahnt in ihrer Stellungnahme überwiegend fehlende rechtliche, leistungsorientierte Regelungen im Tarifbereich an. Des Weiteren ist sie der Meinung, dass die immer größer werdende Haushaltsnot der Kommunen eine flächendeckende Gewährung von Leistungsanreizen in vielen Städten verhinderte. Dabei erwähnt sie die Nichtrealisierung von vielen Pilotprojekten aufgrund der derzeitigen Situation im Tarifbereich. Hingegen lobt sie die vielen nicht tariflichen Projekte in kleineren Städten und Gemeinden.[179]

3.3.2 Ansätze zur Veränderung des bestehenden Entgeltsystem

Die Sozialpartner sind bestrebt, einem Fehlen an Leistungsmerkmalen abzuhelfen, indem für den gesamten BAT tarifliche Abschlüsse, sowie Richtlinien und Vereinbarungen angestrebt wurden. Festzustellen ist in diesem Zusammenhang, dass in der Privatwirtschaft bei Tarifverhandlungen weniger Zentralismus herrscht. Bei Ange-

---

178 Vgl. Krauss-Hoffmann, P., Monetäre Leistungsanreize im Öffentl. Sektor, 2002, Kapitel 06.16, S. 7.

179 Vgl. Collisis, B., Mailstellungnahme zur Leistungsorientierung, 2004.

stellten des öffentlichen Dienstes bestehen kaum regionale finanzielle Vergütungsunterschiede. Bei Zulagen- und Prämiensystemen wird so der Weg für regionale Unterschiede geöffnet und damit tarifliche Kompetenzen auf die regionale Ebene verlagert. Durch verschiedene tarifliche Regelungen ist eine geringere Transparenz in Vergütungen absehbar. Auch ist die Berechenbarkeit des Lebenseinkommens nicht mehr gegeben.[180] Ob dies tatsächlich nachteilig zu werten ist, bleibt fraglich. Die Vereinigung der kommunalen Arbeitgeberverbände (VKA) bemüht sich u. a. um leistungsabhängige Aufstiege in Erfahrungsstufen je Entgeltgruppe. Bewährungs-, Zeit- und Tätigkeitsaufstiege werden nicht befürwortet.[181] Ein Beispiel einer geschlossenen Zusatzvereinbarung ist die der VKA aus dem November 1995, bei der die Einführung von einer Leistungszulagen- und Leistungsprämien- Richtlinie beschlossen wurde. Diese hat bis ins Jahr 2004 Gültigkeit, da durch eine fehlende Bezirksregelung derartige leistungsfokussierte Vergütungsbestandteile im BAT bislang nicht integriert wurden.[182] Hierbei kann positiv auf den im Jahr 1996 beschlossenen Rahmentarifvertrag über die Grundsätze zur Gewährung von Leistungszulagen und Leistungsprämien (TV-L) verwiesen werden.[183] Dieser Rahmentarifvertrag enthält die Grundsätze, welche durch Regelungen der Bezirksebene vertieft werden müssen. Punkte wie die Bewertung der Arbeitsleistung oder das Beurteilungsverfahren sind somit noch nicht allgemein gültig ausgedeutet, sondern obliegen der Abstimmung zwischen den Mitgliedsverbänden, z. B. dem Kommunalen Arbeitgeberverband des Landes NRW und dem Arbeitnehmerverband auf Bezirksebene. Das Bundesland Sachsen-Anhalt schuf mit seiner im Juni 1997 teilweisen Konkretisierung durch seinen Tarifvertrag zur Gewährung von Leistungszulagen und Leistungsprämien in kommunalen Verwaltungen und Betrieben (TV-LZ/LP-LSA) die bis zum Jahr 2002 einzige Verdeutlichung auf Bezirksebene. Hierbei wurde festgelegt, dass Zielvereinbarungen die Grundlage bilden, um so den Zielerreichungsgrad über Kennziffern besser bestimmen zu können. Außerdem ist hierin geregelt, dass Zielerreichung bzw. die Leistungsfest-

---

180 Vgl. Tondorf, K., Leistungszulagen als Reforminstrument, 1997, S. 25f..

181 Vgl. Kappius, G., Leistungs- und ertragsabhängige Vergütung in kommunalen Betrieben und Verwaltungen, 2004, S. 6.

182 Vgl. Krauss-Hoffmann, P., Monetäre Leistungsanreize im Öffentl. Sektor, 2002, Kapitel 06.16, S. 7ff.

183 Vgl. Kappius, G., Leistungsabhängige Bezahlung aus der Sicht eines öffentlichen Arbeitgebers, 2001, S. 11 und vgl. KGSt-Bericht 3/1999, Leistungsermittlung, S. 42.

stellung schriftlich festgehalten werden müssen.[184] Damit lässt sich feststellen, dass immer noch Absprachen und Vereinbarungen durch die kommunalen Arbeitgeber und die Personalräte in Kommunalverwaltungen vonnöten sind, um leistungsorientierte monetäre Anreize umsetzen zu können. Das Problem der Leistungsbemessung und Beurteilung wird damit von den Tarifpartnern nicht abschließend gelöst, sondern in die Hoheit der Ebene der Kommunalverwaltungen gelegt. Eine breite Einigung zu diesen Punkten war bisher im Rahmen des BAT noch nicht möglich, da die Arbeitgeberseite an ihrem alleinigen Entscheidungsrecht bezüglich der Vergabe festhält und die Arbeitnehmerseite ihren Fokus auf die bestehende Besitzstandswahrung legt. Arbeitnehmervertreter[185] bestehen weiterhin auf der Forderung, dass leistungsorientierte Vergütungsbestandteile nur als Extra für besondere und herausragende Leistungen gelten dürfen und keine Umwandlung von fixen in variable Bestandteile vorgenommen werden darf.[186] Die Arbeitgeberseite kann das von den Arbeitnehmervertretern angestrebte Modell allerdings nicht protegieren, da die bereits offen angestrebte Personalkostenreduzierung als Beitrag zur Senkung der Staatsquote schwer durchführbar ist und zu Unstimmigkeiten führt.[187]

Das bedeutet, dass auch heute noch nur die Möglichkeit der außertariflichen Einigung von Arbeitgeber- und Arbeitnehmerseite zur Implementierung von leistungsorientierten Bestandteilen in der Vergütung von Angestellten in Kommunalverwaltungen besteht. Dafür ist also keine Mitbestimmung der Gewerkschaften nötig. Jedoch ist die Mitbestimmung durch den Personalrat erforderlich. Bei der Implementierung[188] wird deutlich, dass eine Umsetzung stattfindet, indem nicht auf tarifliche Änderungen gewartet wird, sondern amtinterne Systeme zwischen Arbeitgeber und Arbeitnehmern vereinbart werden. Gemäß Schmähl obliegt dabei das Recht der Mitbestimmung nicht dem Personalrat, was die Entscheidung über die Einführung und die Höhe eines Beteiligungssystems anbelangt, da hier die Form der Beteiligung mitbestimmungsfrei

---

[184] Vgl. KGSt-Bericht 3/1999, Leistungsermittlung, S. 102, Anlage 11

[185] Interview mit Lutz Kokemüller, stellvertretender Landesverbandsvorsitzender ver.di Bremen, 19.05.2004 und vgl. Bahnmüller, R., Trends betrieblicher Entgelt- und Leistungsregulierung, 1999, S. 18.

[186] Vgl. Krauss-Hoffmann, P., Monetäre Leistungsanreize im Öffentl. Sektor, 2002, Kapitel 06.16, S. 9.

[187] Vgl. Krauss-Hoffmann, P., Monetäre Leistungsanreize im Öffentl. Sektor, 2002, Kapitel 06.16, S. 8f.

[188] Siehe hierzu Abschnitt Implementierungsbeispiele.

ist. Jedoch hat der Personalsrat ein Mitbestimmungsrecht, was die Auswahl und Begrenzung des Kreises der berechtigten Arbeitnehmer anbelangt.[189] So werden in den Kommunen bspw. beamtenrechtliche Verordnungen mit kleinen Modifizierungen für Angestellte als betriebsbedingte, außertarifliche Regelungen umgesetzt. Von Befürwortern wird dieser Vorstoß der außertariflichen Regelung als positiv gewertet, da die einseitige Bevorzugung der Beamten damit verringert wird.[190]

Deutlich wurde, dass eine einheitliche BAT-Lösung der Ausgestaltung mit monetären Leistungsanreizen unwahrscheinlich ist. Daher bemühen sich auch Kommunen um die erwähnte Einführung von Leistungsanreizregelungen für ihren eigenen Bereich. Leistungshonorierung sollte über betriebliche Vereinbarungen zwischen den beiden Sozialpartnern gehen. Wichtig ist die Einsicht von der Arbeitgeberseite, dass eine Miteinbeziehung der Angestellten in die Vergütungsregelung und der damit verbundenen Leistungshonorierung notwendig ist. In gleichem Maße ist die Arbeitnehmerseite zu mehr Verständnis für die negativen kommunalen Haushalte aufgerufen.[191] Die damit einhergehende Verpflichtung von bestmöglicher Mittelbewirtschaftung sollte sich auch in der Vergütung und ihren Regelungen sowie Tarifverträgen widerspiegeln.

Bei beidseitigen Einsichten und Aufeinanderzugehen besteht daher die Hoffnung, dass sich ein Tarifvertrag, der für Kommunalverwaltungsangestellte gilt, eines Tages verwirklichen lässt.

3.3.3 Reformbereitschaft der Sozialpartner

Trotz der Ausführungen über momentan existierende tarifliche Möglichkeiten stellt sich die Frage, ob es nicht sinnvoll ist, wenn der Arbeitsmarkt von mehr arbeitsrechtlichen Einschnitten befreit wird. Dies kann durch Aufhebung der Tarifautonomie geschehen sowie durch die Lockerung des Kündigungsschutzes. In diesem Zusammenhang stellt sich auch die Frage, ob Interessenvertretung womöglich in ganz anderer

---

[189] Vgl. Schmähl, W., Betriebliche Personalpolitik, 1999, S. 97.

[190] Vgl. Bönders, T., Neue Leistungselemente in der Besoldung – Anreiz oder Flop?, 1999, S. 11f..

[191] Vgl. Krauss-Hoffmann, P., Monetäre Leistungsanreize im Öffentl. Sektor, 2002, Kapitel 06.16, S. 24.

Art und Weise organisiert werden kann, um mehr Leistungsorientierung auch in Kommunalverwaltungen integrieren zu können.

Trotz der nicht allzu viel versprechenden Bestandsaufnahme ist positiv, dass die Reformbereitschaft der Sozialpartner in den letzten Jahren erheblich zugenommen hat. Auf dem außerordentlichen Gewerkschaftstag in Bremen im September 1994 wurde nach langen Diskussionen eine allgemeine Befürwortung von leistungsorientierten Entgeltbestandteilen vereinbart. Jedoch wurde auch dies nur mit Einschränkungen und unter bestimmten Voraussetzungen durchgesetzt, denn prinzipiell ist bereits genügend Leistungsorientierung vorhanden, und immaterielle Anreize hätten nach wie vor Priorität. Leider ist in der Praxis immer noch deutlich sichtbar, dass Meinungen und Ansätze weit voneinander entfernt sind. U. a. empfahl die Gewerkschaft ÖTV 1997 Personalräten, keine Unterstützung zu Leistungsbestandteilen zu geben, solange keine bundeseinheitlichen Tarifverträge beständen. Auf dem Treffen der Projektgruppe Entgelt/ leistungsorientierte Vergütung (Vertreter von: Bund, Tarifgemeinschaft deutscher Länder, Vereinigung kommunaler Arbeitgeber und ver.di) am 24./25. Februar 2004 in Berlin wurde jedoch eine generelle Zustimmung zu leistungs- und erfolgsorientierten Entgeltelementen erzielt. Hierbei wurde auch eine Abkehr vom Lebensaltersprinzip befürwortet. Leistungsprämien aufgrund von Zielvereinbarungen und Leistungsstufen standen zur Debatte.[192] Im Interview mit Kokemüller wurde jedoch wiederholt betont, dass aufgrund von Leistungsorientierung einer Umwandlung von fixen in variable Vergütungsbestandteile durch ver.di keine Zustimmung erfolgen wird. ver.di Bremen hat große Befürchtungen bezüglich der objektiven Leistungsmessung und sieht vorerst kein System einer Leistungsbewertung[193], das soweit objektiv ist, als daraus finanzielle Konsequenzen erwachsen könnten. Daher wird die Zustimmung auch weiterhin für einen Landestarifvertrag verweigert. ver.di, aber auch Perschau, sehen es eher als Führungsproblem an, wenn leistungsorientierte Arbeit nicht durchgeführt wird und meinen daher, dass Leistungsbezug in Form von Leistungsprämien in der Vergütung nur bedingt relevant sein sollte. Kokemüllers Meinung nach ist bereits Leistungsorientierung im Tarifvertrag enthalten,

---

[192] Vgl. Kappius, G., Leistungs- und ertragsabhängige Vergütung in kommunalen Betrieben und Verwaltungen, 2004, Folie 1.

[193] Vgl. Hoefert, H.-W.; Reichard, C., Leistungsprinzip und Leistungsverhalten im öffentlichen Dienst, 1979, S. 49 und Interview mit Lutz Kokemüller, stellvertretender Landesverbandsvorsitzender ver.di Bremen, 19.05.2004.

in dem bspw. durch die unterschiedlichen Vergütungsgruppen differierende Leistung ausgedrückt wird. Er ist der Auffassung, dass Leistungszulagen und Prämien auf alle Fälle zusätzliches Element sein sollten.[194] Das heißt, es sind positive wie auch negative Bestrebungen festzustellen.

Auf Arbeitnehmerseite sind als weitere Gesprächspartner neben dem Personalrat[195], die Vertrauensperson für Schwerbehinderte[196] und die Frauenbeauftragte[197] zu nennen, die sich oftmals auf langjährig existierende Regelungen und Festsetzungen berufen. Der Personalvertretung steht in Fragen der Verteilung von Leistungsstufen, Prämien oder auch Zulagen kein Mitbestimmungsrecht zu, sondern nur das Recht auf Unterrichtung. Dieses gilt ebenso für die Frauenbeauftragte und die Schwerbehindertenvertretung.

Da festgestellt werden kann, dass die momentan bestehende Art der Vergabe von leistungsorientierten Vergütungsbestandteilen für kommunale Angestellte nicht als abschließendes Modell bezeichnet werden muss, sollte eine Orientierung hin zu anderen bestehenden Regelungen stattfinden. Krauss-Hoffmann benennt hierfür u. a. im kommunalen Bereich Regelungen zur Leistungsorientierung. Dafür können Beispiele wie Regelungen für Arbeiter in kommunalen Bereichen, „(...) für Angestellte in Versorgungsbetrieben, für Angestellte im Schreib- und Fernschreibdienst bei Bund und Ländern, für Mitarbeiter in Kernforschungseinrichtungen, für Beschäftigte anderer

---

194 Vgl. Kappius, G., Leistungs- und ertragsabhängige Vergütung in kommunalen Betrieben und Verwaltungen, 2004, S. 9 und Interview mit Lutz Kokemüller, stellvertretender Landesverbandsvorsitzender ver.di Bremen, 19.05.2004 und Interview mit Hartmut Perschau, Freie Hansestadt Bremen, Wirtschaftssenator a. D. in Bremen, 26.05.2004..

195 Aus dem Personalvertretungsrecht leitet sich ab, dass die Personalvertretung durch Wahlen bestimmt wird. Sie setzt sich aus Vertretern der Mitarbeiter zusammen und vertritt die Beschäftigten beim Arbeitgeber. Wichtig ist hierbei, dass in vielen Fragen der Personalvertretung Mitbestimmungsrechte zukommen. Siehe hierzu auch vergleichend: Ilbertz, W.; Stiller, T., Öffentliches Dienstrecht, 1991, S.43; vgl. Karrenberg,H.; Münstermann, E., Kommunale Finanzen, 1998, S. 493ff.; vgl. Bergauer, H.-P., Wambach, K., Personalwesen, 1991, S. 11 und vgl. BMI, Der öffentliche Dienst in Deutschland, 2002, S. 106.

196 Der nach § 25 II Schwerbehindertengesetz auch Anhörung gewährt sein sollte. Denn Schwerbehinderte dürfen nicht von den neuen Elementen in Vergütung und Besoldung ausgeschlossen sein. Vgl. Göser, H.; Schlatmann, A., Leistungsbezahlung in der Besoldung, 1998, S. 119.

197 Ein weitreichendes Unterrichtungsrecht aus § 18 I des Frauenförderungesetzes kann in Anspruch genommen werden. Siehe vgl. Göser, H.; Schlatmann, A., Leistungsbezahlung in der Besoldung, 1998, S. 118.

Körperschaften des öffentlichen Rechts (...)"[198] herangezogen werden. Neben den bereits geschaffenen Regelungsbeispielen können des Weiteren die bereits erwähnten Pilotprojekte in Kommunen des Landes NRW[199] mögliche Denkanstöße liefern. Damit können auch weitere Vorschläge unterbreitet werden, wie auch für Kommunalverwaltungsangestellte eine Veränderung des BAT in Zukunft aussehen soll. All dies bildet weiterhin eine gute Grundlage für ein weiteres Aufeinanderzugehen der Sozialpartner. Hierbei lobt Krauss-Hofmann, dass Besitzstände der Angestellten, wie bspw. die betriebsbedingte Unkündbarkeit laut § 53 III BAT von den Sozialpartnern als aufhebungsbedürftig erachtet wurde und daher darauf verzichtet wurde.[200] Insgesamt wird deutlich, dass die Angestelltenvergütung in der Kommunalverwaltung sehr langsam, aber stetig mit neuen materiellen Leistungsanreizen ausgestattet wird und ein Wandlungsprozess positiv in Gang gesetzt ist.

---

[198] Krauss-Hoffmann, P., Monetäre Leistungsanreize im Öffentl. Sektor, 2002, Kapitel 06.16, S. 10.

[199] Vgl. Collisis, B., Mailstellungnahme zur Leistungsorientierung, 2004.

[200] Vgl. Krauss-Hoffmann, P., Monetäre Leistungsanreize im Öffentl. Sektor, 2002, Kapitel 06.16, S. 10f..

4 Implementierungsbeispiele

Bereits vor der Dienstrechtsreform von 1997 konnten zahlreiche Pilotprojekte auf kommunaler Ebene bspw. im Land NRW registriert werden. Allein in 13 Städten und Kreisen wurden in NRW Satzungsausnahmegenehmigungen für Pilotprojekte bez. Leistungsorientierung in der Vergütung gewährt. Damit war NRW mit eines der Vorreiter-Bundesländer in dieser Thematik. Zusätzlich bemühten sich die Kommunalen Arbeitgeberverbände (KAV) um Gespräche mit Gewerkschaften in NRW zur Sondierung von Rahmentarifverträgen für die Bezirks- bzw. Bundesebene.[201] Zwischen ver.di und dem Kommunalen Arbeitgeberverband NRW wurde mit Wirkung vom 21. März 2003 ein Tarifvertrag über die Gewährung von Leistungsprämien im Bereich des KAV NW geschlossen. Dieser ist bis zum 31.12.2007 befristet, um weitere Erfahrungen im Bereich der Leistungsprämien sammeln zu können. Im § 2 I Satz 3 TV-L NW wird ausdrücklich darauf hingewiesen, dass überdurchschnittliche Leistungen nicht in Form von Mehrarbeit bzw. Überstunden erbracht werden sollen.[202] Jedoch wird gemäß verschiedener Evaluierungen ersichtlich, dass bereits Jahre zurückliegende Pilotprojekte keine Garantie für eine feste Implementierung von Prämiensystemen u. ä. sind.[203] Daher kann eine flächendeckende Einführung von Leistungsstufenverordnungen, wie Leistungszulagen und –prämienverordnungen, nur als sehr schleppend beschrieben werden. Gemäß dem Erfahrungsbericht zur Dienstrechtsreform ist dies leider eine Tatsache in Kommunalverwaltungen, wie Bundes- und Landesbehörden, obwohl die Einführung von Leistungselementen von allen Gebietskörperschaften befürwortet wird.[204] Durch eine Evaluierung des Bundesministeriums des Innern konnte festgestellt werden, dass im Jahr 2004 von den 16 Bundesländern Deutschlands 10 Leistungsstufenverordnungen erlassen haben. Jedoch nur in Baden-Württemberg, Berlin, Brandenburg und Sachsen werden sie derzeitig auch umgesetzt. In 11 Bundesländern wurden Verordnungen zur Leistungsprämienvergabe erlassen, dessen ungeachtet wenden nur Bayern, Berlin, Brandenburg, Bremen und Sachsen

---

[201] Vgl. Tondorf, K., Leistungszulagen als Reforminstrument, 1997, S. 69f..

[202] Vgl. ver.di, Tarifinformation-Öffentlicher Dienst NRW, 27.03.2003, S. 1.

[203] Vgl. Barthel, T., Prämiensysteme in Kommunalverwaltungen, 08/2004, S. 5.

[204] Vgl. Bundesinnenministerium, Erfahrungsbericht zur Dienstrechtsreform, 14.06.2001, S. 19 und Tabelle 14 im Anhang und vgl. Göser, H.; Schlatmann, A., Leistungsbezahlung in der Besoldung, 1998, S. 121.

diese auch an. Des Weiteren erließen 9 Bundesländer Verordnungen zur Vergabe von Leistungszulagen. Auch hier konnte nur eine Umsetzung in Bayern, Berlin, Brandenburg und Bremen festgestellt werden. Lediglich innerhalb von 8 Bundesländern nutzen Kommunalverwaltungen die gegebenen Möglichkeiten und wenden diese Verordnungen an. Die gesamte Darstellung der Übersicht über Leistungszulagen und –prämienverordnungen wie auch über die Leistungsstufenverordnungen der einzelnen Bundesländer und deren Anwendung in Kommunalverwaltungen findet sich in Anlage 5.[205]

Insbesondere Kommunen bezeichneten es als hilfreiches Personalmanagementelement. Jedoch wurden 2001 nur in 63 von 539 Städten, die aufgrund von Landesverordnungen die Möglichkeit haben, Leistungszulagen implementiert. In 59 Städten und 24 Landkreisen wurde das Element der Leistungsprämie verwandt.[206] Gemäß der Evaluierung von Barthels kann für deutsche Kommunen ebenfalls nur eine Anwendung in 41% der durch ihn befragten Kommunen festgehalten werden. Des Weiteren planen nur 40% derjenigen, die noch keine Implementierung vorgenommen haben eine Anwendung.[207] Als Begründung wird von kommunalen Spitzenverbänden u. a. die schlechte Ausstattung mit Finanzmitteln wie auch die Quotierungsregelung gemäß § 42a BBesG, welche als unproduktiv gilt, angemahnt.[208] Als weiteres Problem definiert die KGSt die Schwierigkeit der Definition und Messbarkeit von Leistungen.[209] Damit eine erfolgreiche Implementierung erfolgen kann, sind in Anlage 6 eine To-do-Liste sowie eine Not-to-do-Liste von Barthel zur Orientierung eingearbeitet.

Im Folgenden werden einzelne Beispiele innerhalb Deutschlands erwähnt sowie vergleichend in andere Länder geblickt.

---

[205] Vgl. Bundesministerium des Innern, Schreiben an den Senator für Finanzen der Freien Hansestadt Bremen, 26.02.2004

[206] Vgl. Bundesinnenministerium, Erfahrungsbericht zur Dienstrechtsreform, 14.06.2001, S. 21f..

[207] Vgl. Barthel, T., Prämiensysteme in Kommunalverwaltungen, 08/2004, S.4f..

[208] Vgl. Bundesinnenministerium, Erfahrungsbericht zur Dienstrechtsreform, 14.06.2001, S. 21f..

[209] Vgl. Holzrichter, E., KGSt-Präsentation „Moderner Staat-Materielle Leistungsanreize in öffentlichen Verwaltungen, 2000, Folie 10.

4.1 Stadtgemeinde Bremen

Das Land Bremen erstreckte sich im Jahr 2001 auf einer Fläche von 400 qkm mit einer Bevölkerung von ca. 660.000, wobei ca. 119.000 auf die Stadt Bremerhaven entfielen. Dabei waren im Jahr 2002 allein in der Bremer Kernverwaltung 21.604 Beschäftigte tätig.[210] Die Stadt Bremen wird kommunal in Stadtbürgerschaft mit Ausschüssen und Senat unterteilt. Hierbei muss auf die funktionale Besonderheit der stadtstaatlichen Organisation hingewiesen werden. Der Senat verkörpert gleichzeitig die Landesregierung sowie den Magistrat, der Senator ist sowohl Minister als auch Stadtrat bzw. Dezernent und der Präsident des Senats ist sowohl Ministerpräsident als auch Bürgermeister.[211]

Am 07.07.1998 hat der Bremer Senat die Bremische Leistungsprämien und -zulagenverordnung (BremLPZV) aufgrund der gesetzlichen Ermächtigung aus § 42a Bundesbesoldungsgesetz (BBesG) erlassen. Durch Senatsbeschluss vom 08.07.2003 wurde diese Verordnung an die inzwischen geänderte Bundesregelung angepasst. Zusätzlich wurden am 22. Januar 1999 von der Senatskommission für das Personalwesen Durchführungshinweise zur BremLPZV erlassen, die das Vergabeverfahren konkretisieren; erläuternde Vergabebeispiele wurden nicht festgelegt, um die unterschiedlichen Gegebenheiten der jeweiligen Dienststellen berücksichtigen zu können.

Die BremLPZV gibt den Leitern der Dienststellen die Möglichkeit, Beamtinnen und Beamten der Besoldungsordnungen A für herausragende besondere Leistungen eine Leistungsprämie oder Leistungszulage zu zahlen. Dabei haben die Dienststellenleiter insbesondere die in der BremLPZV festgelegte Begrenzung der Leistungsempfänger, Höchstgrenzen für Prämien und Zulagen und die Finanzierung innerhalb ihres Personalkostenbudgets zu beachten.

Mit dem Rundschreiben vom Nr. 2/2002 hat der Senator für Finanzen (als Rechtsnachfolger der Senatskommission für das Personalwesen) allen Dienststellen mitgeteilt, dass ab 1. Januar 2002 den Angestellten des bremischen Dienstes in sinngemä-

---

[210] Vgl. Freie Hansestadt Bremen, Der Senator für Finanzen, Personalcontrolling Band I 2002, 2003, S. 20.

[211] Vgl. Kirschnik, D., ICG-Sommergespräche, 2003, S. 4, 6f. und vgl. Bremer Wirtschaftsförderung GmbH, Bremen- Daten und Fakten, 1999, S. 3.

ßer Anwendung der BremLPZV ebenfalls Leistungsprämien und Leistungszulagen gewährt werden können. Gleichzeitig wurde jedoch wie im BBesG die Einschränkung erlassen, dass diese Leistungshonorierung – wie bei den Beamten - nur im Rahmen des Personalkostenbudgets zulässig ist.[212] Mit Rundschreiben Nr. 27/2003 wurde Nr. 2 II des Rundschreibens Nr. 2/2002 geändert. Danach ist jetzt die Gewährung von Prämien und Zulagen nicht mehr auf 10 Prozent, sondern auf 15 Prozent der Beamten und Angestellten beschränkt.[213] Damit ist für die kommunalen Bremer Angestellten und Beamten die Möglichkeit des Empfangs von Leistungszulagen und -prämien geschaffen. Über die Verteilung bzw. Anwendung überhaupt entscheiden die Dienststellenleitungen nach eigenem Ermessen.

Diese Einzelfallentscheidungen unterliegen nicht der Mitbestimmung. Werden jedoch von einem Ressort oder einer Dienststelle ergänzende Regelungen zur Vergabe von Leistungsprämien und Leistungszulagen erlassen, so sind diese mitbestimmungspflichtig; für Richtlinienfestsetzungen zur Gewährung von Leistungsprämien und –zulagen ist gemäß §§ 54 ff. und § 65 I Nr. c Bremisches Personalvertretungsgesetz (BremPVG) die Mitbestimmung des Personalrates notwenig.

Im Ressort Arbeit, Frauen, Gesundheit, Jugend und Soziales sind 2003 von einer Arbeitsgruppe des Referates 10, an der sich der Personalratsvorsitzende und die Frauenbeauftragten konstruktiv beteiligt hatten, Richtlinien mit dem Ziel erarbeitet worden, den Dienststellenleitungen des Ressorts Entscheidungshilfen zur Gewährung von Leistungszulagen und Leistungsprämien zur Verfügung zu stellen und dazu maßgebliche Rechtsvorschriften, Durchführungshinweise und Rundschreiben des Senators für Finanzen zusammenzufassen. Die Richtlinien enthalten auch einen Finanzierungsvorschlag (Einsparung von je zwei Stellen in 2004 und 2005).[214] In der erwähnten Arbeitsgruppe wurde des Weiteren für die Erprobungsphase die Reduzierung der Empfänger auf 2% anstelle der im § 42a BBesG sowie § 5 I Satz 1

---

[212] Vgl. Lühr, H., Freie Hansestadt Bremen, Der Senator für Finanzen, Rundschreiben Nr. 2/2002, 15.01.2002

[213] Vgl. Pahl, U., Freie Hansestadt Bremen, Der Senator für Finanzen, Rundschreiben Nr. 27/2003, 15.12.2003

[214] Interview mit Lothar Seidel, Freie Hansestadt Bremen, Personalreferent beim Senator für Arbeit, Frauen, Gesundheit, Jugend und Soziales, 21.05.2004.

BremLPZV vorgesehenen 15% vorgeschlagen.[215] Ob die große Verringerung des potentiellen Empfängerkreises immer noch Anreizwirkung ausstrahlen kann, ist fraglich. Positiv an diesem Beispiel ist, dass die Gewährung von Leistungszulagen oder –prämien abhängig gemacht werden soll von der Einhaltung von Leistungsvereinbarungen (auch Zielvereinbarungen genannt).

Der Personalrat des Senators für Arbeit, Frauen, Gesundheit, Jugend und Soziales hat dem Erlass der Richtlinien später nicht zugestimmt, weil er die behördliche und finanzielle Situation als unzureichend für die Ausschüttung von Leistungszulagen und –prämien erachtet. Außerdem bemängelt er die kostenneutrale Finanzierungsart (Stelleneinsparung um die ersparten Mittel etappenweise bspw. in Form von Prämien wieder auszuschütten). Auch das Element der Zielvereinbarungen wird als Bestandteil des Leistungsprämien- und –zulagenverfahrens abgelehnt.[216]

Leider musste die Gewährung von Leistungszulagen und Leistungsprämien am Beispiel des Senators für Arbeit, Frauen, Gesundheit, Jugend und Soziales (SfAFGJS) auch für das Jahr 2004 aufgrund der verschlechterten Finanzsituation des Ressorts verschoben werden. Außerdem konnte nur sehr gering der Eingang von Empfangsvorschlägen verzeichnet werden.[217]

In Bremen bleibt immer noch feststellbar, dass trotz der theoretischen Zahlungsmöglichkeit für Beamte wie Angestellte das Element der Leistungszulagen und –prämien oft ungenutzt bleibt. Dieses ist u. a. auf die Problematik der Unsicherheit über Vergabekriterien und des Entscheidungsverfahrens zurückzuführen.[218]

[215] Vgl. Seidel, L., Freie Hansestadt Bremen, SfAFGJS, Vorlage für die Abteilungsleiter-Klausur am 28.01.2004, 27.01.2004 und Interview mit Lothar Seidel, Personalreferent beim SfAFGJS Freie Hansestadt Bremen, 21.05.2004.

[216] Vgl. Klatt, W.-D., Freie Hansestadt Bremen, SfAFGJS, Der Personalrat, Brief an den Referatsleiter 10, 24.09.2003.

[217] Vgl. Seidel, L., Freie Hansestadt Bremen, SfAFGJS, Gewährung von Leistungszulagen/ Leistungsprämien, 10.02.2004 und Interview mit Lothar Seidel, Freie Hansestadt Bremen, Personalreferent beim SfAFGJS, 21.05.2004.

[218] Vgl. Söller, Kahnert, Freie Hansestadt Bremen, Der Senator für Finanzen, Vorlage für die 7. Sitzung der Steuerungsgruppe „Personalmanagement“, 17.12.2001, S.1 und Scherf, H., Dezentral und selbständig, 1998, S. 9.

Gemäß einer durch den Senator für Finanzen der Hansestadt Bremen getätigten Evaluierung kann am Beispiel der aus dem Jahr 1999 stammenden Tabelle die Häufigkeit der Leistungsprämien- und –zulagenvergabe in Bremen aufgezeigt werden.

Tabelle 2: Leistungshonorierung in Bremen

Ressort	Leistungsprämie	Leistungszulage
Senatskanzlei	**2**	**keine**
Senator für Inneres, Kultur und Sport	**2**	**keine**
Senator für Justiz und Verfassung	**keine**	**keine**
Senator für Bildung und Wissenschaft	**keine**	**keine**
Senator für Arbeit, Frauen, Gesundheit, Jugend und Soziales	**keine**	**keine**
Senator für Bau und Umwelt	**31**	**11**
Senator für Wirtschaft und Häfen	**1**	**keine**
Senator für Finanzen	**nicht direkt**	**keine**
(In Anlehnung an: Söller; Kahnert, Der Senator für Finanzen, Freie Hansestadt Bremen, Vorlage für die 7. Sitzung der Steuerungsgruppe „Personalmanagement", 17.12.2001, S.2.)		

Demnach verläuft die Leistungsprämienvergabe durchaus positiv, da geringer Verwaltungsaufwand eine schnelle Leistungshonorierung begünstigt. Jedoch wurde wiederholt auf ein noch immer fehlendes nachvollziehbares Beurteilungssystem hingewiesen.[219] Am Beispiel der Dienststelle Amt für Straßen und Verkehr, welches dem Ressort des Senators für Bau und Umwelt unterstellt ist, konnte vermehrt die Ausschüttung von Leistungsprämien festgestellt werden. Dieses Amt beschäftigt ca. 320 Mitarbeiter. Gemäß dem Amt für Straßen und Verkehr wird erst eine Bestandsaufnahme gemacht, was an Finanzmitteln zur Verfügung steht und welche Empfänger in Frage kämen. Dafür sind die jeweiligen Abteilungen befugt, Vorschläge zu unterbreiten. Aus Beurteilungsproblematiken wurde bisher immer das gemäß § 42a BBesG und § 3 und § 4 BremLPZV Höchstmögliche gewährt. Als Grundlage der Leistungsbewertung dienen keine förmlichen Beurteilungen, sondern lediglich gute Beschrei-

[219] Vgl. Söller, Kahnert, Freie Hansestadt Bremen, Der Senator für Finanzen, Vorlage für die 7. Sitzung der Steuerungsgruppe „Personalmanagement", 17.12.2001, S.3.

bungen. Zielvereinbarungen zur vereinfachten Beurteilung von Leistungen werden seit 2003 im Amt für Straßen und Verkehr nur in zwei Pilotabteilungen eingesetzt. Leistungszulagen sind in diesem Amt noch nicht angewandt worden und auch nicht geplant. Bisher konnte das Amt für Straßen und Verkehr von keinen Negativerlebnissen berichten. Der Personalrat hatte ebenfalls keine Einwände, da keine Beschwerden vorlagen.

Eine Liste über die Leistungsprämienempfänger ist nicht öffentlich. Der einzelne Mitarbeiter erfährt von seiner Prämie zum Zeitpunkt der Gewährung. Der Rechnungshof kontrolliert die Personalakten der Prämienbezieher, um rechtliche Sicherheit und ordnungsgemäße Verfahren zu gewährleisten.[220]

Am Beispiel des Ressorts des SfAFGJS wird deutlich, dass die Pflicht der Kostenneutralität für kostenintensive Ressorts, wie das eben genannte, eine unüberwindbare Schranke darstellen. Einsparungspflichten werden immer deutlicher, siehe z.B. die Streichung des Urlaubsgeldes oder die Absenkung des Weihnachtsgeldes für alle Beschäftigten etc.[221] Trotz der immer noch kritischen Budgetsituation wird nach der über fünf Jahre andauernden Nichtnutzung der BremLPZV nach Möglichkeiten gesucht, um diese endlich anwenden zu können.

Das Anreizelement des verfrühten Stufenaufstieges bzw. der Hemmung des Aufstiegs, welches durch § 27 BBesG über eine Landes-Leistungsstufenverordnung möglicht ist, wird in Bremen nicht angewandt. Hier entschied man sich gegen den Erlass einer solchen Verordnung. Zwei markante Probleme können hierfür als grundlegend vermutet werden. Aufgrund der Einführung von neuen Grundgehältern mit der Reform des BBesG im Jahre 1997 ist Finanzmittelknappheit weiter offensichtlich. Der Grundsatz der Kostenneutralität ist auch hier von großer Bedeutung. Des Weiteren ist für die Beamten und Angestellten der Stadtgemeinde Bremen noch immer keine verbindliche Rahmen- bzw. Beurteilungsverordnung existent. Der von der ehemaligen Senatskommission für Personalwesen vom 10.11.1976 entwickelte

---

[220] Interview mit Waltraud Tydt, Freie Hansestadt Bremen, Sachbearbeiterin für Personal in besonderen Personalsituationen im Amt für Straßen und Verkehr, 23.06.2004

[221] Vgl. Freie Hansestadt Bremen, Der Senator für Finanzen, Personalentwicklungskonzept bis 2007, S. 5.

Vordruck ist mit weiteren Anweisungen zur Beurteilung vom 29.02.2000 auch heute noch gültig.

4.2 LK Osnabrück

Der LK Osnabrück gehört zum Bundesland Niedersachsen. Daher greifen hier die niedersächsischen Verordnungen etc. „Die Städte und Gemeinden sind in ihrem Gebiet die ausschließlichen Träger der gesamten öffentlichen Aufgaben, soweit die Gesetze nicht ausdrücklich etwas anderes bestimmen."[222] Im Landkreis Osnabrück sind im Jahr 2004 ca. 750 Mitarbeiter beschäftigt, davon sind ca. 335 Beamte, 390 Angestellte und 27 Arbeiter.[223] Für die Beamten wurde bereits am 5. Oktober 1999 durch die Niedersächsische Verordnung über die Gewährung von Prämien und Zulagen für besondere Leistungen (NLPZVO) eine Grundlage für die Honorierung geschaffen. Ergänzend wurden ebenfalls am 05. Oktober 1999 die Durchführungshinweise zur Leistungsprämien und –zulagenverordnung erlassen. Leistungsprämien sind in § 2 NLPZVO und Leistungszulagen sind in § 3 NLPZVO geregelt. Das Land Niedersachsen hat die Zahl der möglichen Empfänger in § 5 NLPZVO bei 10% belassen und nicht auf 15%, wie es nach § 42a BBesG möglich wäre, angehoben.[224] In Niedersachsen liegt kein Tarifvertrag zur Regelung von Leistungsprämien und –zulagen etc. vor. Trotzdem gibt es von der VKA eine Regelung, alle Angestellten (und Arbeiter) betreffend. Nachdem für die Beamten im Jahr 1999 die NLPZVO erlassen wurde, gab es keine extra Anweisung, dass diese sinngemäß auch auf die Angestellten Anwendung findet. Die Leistungsprämien- und –zulagenzahlung an Angestellte war jedoch bereits ab dem 17. November 1995 durch die Richtlinie der VKA zur Gewährung von Leistungszulagen und Leistungsprämien möglich. Die Finanzmittel hierfür werden in der Planung auf das normale Personalmittelbudget aufgeschlagen und nicht extra ausgewiesen. Seit 2003/2004 wird jedoch auch im LK Osnabrück wegen fehlender Haushaltsmittel keine Leistungshonorierung in Form von Leistungsprämien

---

[222] Vgl. Hoffmann, P., Kommunalpolitik in Niedersachsen, 2003, S. 173

[223] Vgl. LK Osnabrück, Der Datenspiegel 2004, 2004, S. 2.

[224] Vgl. LK Osnabrück, Vereinbarung über die Zahlung von Leistungsprämien und Leistungszulagen an die Beschäftigten des Landkreises Osnabrück, 2002, S.4 und vgl. Kommunaler Arbeitgeberverband Niedersachsen, Rundschreiben A 3/96, 1996, S.3.

und –zulagen mehr vorgenommen.[225] Im Jahr 2000 wurde diese Art der Leistungshonorierung nur für Beamte und nicht für Angestellte angewandt, da hierfür der Personalrat die nach § 66 Ziffer 5 des NdsPersVG erforderliche Zustimmung zunächst nicht erteilt hatte.[226]

Das Land Niedersachsen hat sich wie auch das Land Bremen nicht für den Erlass einer Leistungsstufenverordnung entschieden. Auch hier können die Gründe nur vermutet werden. U. a. kann angenommen werden, dass der Verwaltungsaufwand hierfür als zu erheblich erachtet wird. Jedoch wird damit für alle kommunalen Beamten ein verfrühter Leistungsstufenaufstieg sowie eine Hemmung des Aufstiegs verhindert. Der LK Osnabrück hat für sich und seine Abteilungen ein eigenes formalisiertes Beurteilungswesen entworfen. Demnach finden alle vier Jahre Regelbeurteilungen sowie je nach Anlass Beurteilungen statt.[227] Allerdings wird auch hier nicht das Instrument der Zielvereinbarungen als Muss betrachtet. Hingegen werden bei Leistungsprämien und –zulagen diese aufgrund von Zielvereinbarungen ausgezahlt. Das bedeutet, es wird vor dem Leistungsbeurteilungszeitraum eine Zielvereinbarung zwischen dem Mitarbeiter und seinem Vorgesetzten geschlossen und schriftlich festgehalten. Dafür ist eine Auswahl an Beschäftigten zuvor zu treffen. Honoriert werden bei Zielerreichung bzw. Übererfüllung (von bspw. besonderen Aufgaben, Projektsituationen, Vertretungen).[228] Bis zum aktuellen Stopp der Leistungshonorierung aufgrund der NLPZVO wurden jährlich ca. 80-90 Leistungsprämien ausgezahlt.

---

[225] Interview mit Albert Huesmann, Landkreis Osnabrück, Produktbereichsleiter für Bereich Beamte, 23.06.2004.

[226] Der Personalrat hat demnach bei monetären Angelegenheiten ein Mitbestimmungsrecht, welches er auch in der Frage der Grundsatzregelung von Leistungsprämien und –zulagen anwenden kann. Vgl. Kommunaler Arbeitgeberverband Niedersachsen, Rundschreiben A 3/96, 1996, S.3.

[227] Interview mit Albert Huesmann, Landkreis Osnabrück, Produktbereichsleiter für Bereich Beamte, 23.06.2004.

[228] Vgl. Landkreis Osnabrück, Vereinbarung über die Zahlung von Leistungsprämien und Leistungszulagen an die Beschäftigten des Landkreises Osnabrück, 2002, S. 2.

4.3 LK Rotenburg (Wümme)

Der LK Rotenburg (Wümme) liegt wie der LK Osnabrück in Niedersachsen. Daher greifen auch hier die niedersächsischen Verordnungen etc. Im LK Rotenburg (Wümme) sind aktuell ca. 120 Beamte, 590 Angestellte und 90 Arbeiter tätig.[229] Dort wurde durch das Interview im LK Rotenburg (Wümme) festgestellt, dass dort die Niedersächsische Verordnung über die Gewährung von Prämien und Zulagen für besondere Leistungen (NLPZVO) nicht angewandt wird. Hierfür wird als Hauptgrund die Finanzmittelknappheit angeführt.[230] Daran ist ersichtlich, wie unterschiedlich gegebene rechtliche Voraussetzungen im gleichen Bundesland genutzt werden. Lediglich Leistungshonorierung gemäß § 27 C BAT wird explizit im LK Rotenburg (Wümme) herausgestellt. Hierbei wird ein dem Besoldungsverfahren ähnliches Verfahren angewandt. Ein finanzieller Anreiz wird in Form der Vorweggewährung der nächsten Dienstaltersstufe innerhalb der gleichen Vergütungsgruppe an Angestellte umgesetzt. Allerdings wird in diesem Zusammenhang betont, dass diese Anwendung auch nur in ganz besonderen Fällen stattfindet.[231]

4.4 Weitere Kurzbeispiele

Neben den bisher erläuterten Implementierungsbeispielen sind in verschiedenen Kommunen Deutschlands weitere Versuche unternommen worden, Leistungsorientierung umzusetzen.

- Vollstreckungsbedienstete der Stadt Köln können Leistungszulagen für erhöhte Geldeintreibungen erzielen. Diese sind durch die Vollstreckungs-Vergütungs-Verordnung und die Mehrarbeitsstunden-Vergütungs-Verordnung geregelt.
- In der Verkehrsüberwachung der Stadt Köln wurden Präsenzzulagen im Jahr 1994 eingeführt. Dies hatte die Folge, dass eine rapide Verringerung der Kran-

229 Vgl. LK Rotenburg (Wümme), Information 2000, 2000, S. 2f. und Interview mit Hermann Naused, LK Rotenburg (Wümme), Sachbearbeiter in der Personalabteilung, 24.06.2004.

230 Interview mit Hermann Naused, LK Rotenburg (Wümme), Sachbearbeiter in der Personalabteilung, 24.06.2004.

231 Interview mit Hermann Naused, LK Rotenburg (Wümme), Sachbearbeiter in der Personalabteilung, 24.06.2004.

kentage bei nur kurzen Erkrankungen (unter 4 Tagen ohne ärztliche Krankschreibung) erreicht werden konnte.

- Das Tiefbauamt der Stadt Duisburg implementierte in der Mitte der 90er Jahre das System der Prämienzahlung für die Verbesserung der Wettbewerbsfähigkeit. Durch einen Vergleich von eingekauften Ingenieurleistungen zu selbst erbrachten Leistungen wird eine Verbesserung bzw. Verschlechterung der Wettbewerbsfähigkeit deutlich.

- 1993 führte die Stadt Offenbach die Möglichkeit der übertariflichen Leistungszulage ein. Hierfür wurde Leistung explizit definiert, wie u. a. als zeitlicher Aufwand.

- Im Kataster- und Vermessungsamt des Kreises Kleve existiert seit 1994 ein System des Leistungsanreizes in Form von Prämienausschüttungen bei Überschreitung von Fallzahlen. Das heisst, sobald die durchschnittlich geforderte Fallanzahl erreicht wurde, zählte dies als Mehrleistung.[232]

4.5 Andere Länder und ihre Ansätze

Bereits seit mehreren Jahren werden in OECD-Ländern Versuche zur Leistungsorientierung in der Entlohnung unternommen.[233] Um die Möglichkeit eines komparativen Ansatzes kurz zu beleuchten, wird daher ein Blick auf andere Länder Europas geworfen.

Seit den 80er Jahren ist Großbritannien eines der „Vorreiterländer" bezüglich Verwaltungsreformen, wie z. B. dem NPM. In der Zeit der Thatcher-Regierung wurden in Großbritannien einige grundlegende personalbezogene Neuerungen umgesetzt. Dabei wurde der Fokus wie auch in anderen Bereichen auf die Kostenreduzierung des Staates in Form von Privatisierungen gelegt. Weiterhin war ein großes Anliegen die Reduzierung des Personalbestandes sowie die Einführung von Leistungsbestandteilen in der Beamtenbesoldung (performance related pay). Um alle Mitarbeiter des Öffentlichen Dienstes mit einzubeziehen, wurden Tarifverträge zwischen der Regierung und

---

[232] Vgl. Tondorf, K., Leistungszulagen als Reforminstrument, 1997, S. 48ff..

[233] Vgl. Tondorf, K., Leistungszulagen als Reforminstrument, 1997, S. 45.

den zuständigen Gewerkschaften geschlossen. Dies sollte u. a. wichtige Punkte, wie die Orientierung und Angleichung an Gehälter der Privatwirtschaft und die leichtere Gewinnung von qualifizierten Arbeitskräften, bringen. Beim britischen System besteht die Möglichkeit der Erzielung eines fixen Einkommens sowie dem zusätzlichen Erhalt von Leistungszulagen für anhaltend gute Leistungen. Aber auch hier gibt es wie im deutschen Leistungszulagensystem Quotierungen. Eine Beschränkung auf 25% der Beschäftigten pro Jahr wird umgesetzt. Die zweite Möglichkeit der zusätzlichen Einkommenserzielung ist die der Honorierung von überdurchschnittlichen Leistungen. Grundsätzlich werden die jährlich stattfindenden Beurteilungen als Basis der Honorierungsverteilung gewählt.[234]

Ein weiteres positives Beispiel ist in den Niederlanden zu finden. Alle Mitarbeiter der Zentralregierung sind von Leistungszulagenregelungen betroffen. Die dafür nötigen Leistungsbeurteilungen unterliegen keiner vorgegebenen Regelung, d. h. die Beschreibung der zu honorierenden Leistung bleibt jedem Vorgesetzten überlassen. Die durchschnittliche Leistungsprämienhöhe liegt bei 20 – 25% eines monatlichen Einkommens und ist damit bedeutend geringer als die in Deutschland maximale Prämienhöhe. Allerdings sind in den Niederlanden keine maximalen Prämienhöchstgrenzen wie in Deutschland, bspw. in § 42 a II Satz 6 BBesG ein Monatsgrundgehalt, vorgesehen. Probleme, wie sie in Deutschland offensichtlich werden, liegen auch hier bei der unzureichenden Information der Beschäftigten über potentielle Honorierungsmöglichkeiten bzw. die Demotivierungsfrage bei nicht honorierten Mitarbeitern.[235]

Schon Schedler beschäftigte sich mit den Leistungsanreizen in der Schweiz. Er stellte fest, dass das Beamtenrecht positiv wie negativ beurteilt wurde. Leistungsanreize sind seiner Meinung nach auch hier nur bedingt vorhanden.[236] Vielleicht führte diese Einsicht zur Änderung des schweizerischen Bundespersonalgesetzes. Es wurde so weit geändert, dass der Beamtenstatus bereits abgeschafft wurde.[237] Dies ist u. a. eine Änderung hin zu einem gleich behandelten Personalkörper. Auch in der Schweiz ist das Thema der leistungsgerechten Vergütung sehr aktuell. Die Auszahlung von Lei-

---

[234] Vgl. Tondorf, K., Leistungszulagen als Reforminstrument, 1997, S. 45.

[235] Vgl. Tondorf, K., Leistungszulagen als Reforminstrument, 1997, S. 47.

[236] Vgl. Schedler, K., Anreizsysteme in der öffentlichen Verwaltung, 1993, S. 219ff..

[237] Vgl. Landesregierung des Landes NRW, Anlagenbericht zum Bericht der Regierungskommission, 2003, S. 45f..

stungsprämien ist bereits seit mehreren Jahren durch gesetzliche wie tarifliche Regelungen möglich für hervorragende Leistungen.[238] Jedoch konnten Ritz und Thom aus ihren Evaluierungen ableiten, dass Instrumente der finanziellen Leistungsorientierung zu einem starken Anstieg der Arbeitsbelastung geführt haben. Konkurrenz am Arbeitsplatz ist laut ihrer Aussage dadurch in verstärktem Maße feststellbar.[239]

Österreich ist ein weiteres deutschsprachiges Land Europas, in dem Bemühungen bezüglich der Fortentwicklung des öffentlichen Dienstes stattfinden. Bereits seit mehreren Jahren wurden bspw. im Magistrat der Stadt Wien Strukturänderungen eingeleitet. Diese erstrecken sich auf die unterschiedlichsten Fachbereiche, z. B. Organisation und Personal. Eines der Handlungsfelder im Bereich Personal ist das Thema „Leistungsorientierte Entlohnung". Dieses wurde als Aktionsfeld entdeckt, da eine ergebnisorientierte Arbeitsweise nur mit gut qualifizierten und motivierten Mitarbeitern stattfinden kann. Konkret definierbare Leistungssteigerungen sollen demnach extra honoriert werden. Daher wird eine Änderung im Besoldungssystem angestrebt, indem die individuelle Leistung in Form von Leistungsanreizen stärkere Berücksichtigung findet. Damit soll das Besoldungswesen stark flexibilisiert werden.[240] Ein weiteres Ziel ist es, komplizierte Zulagenregelungen abzuschaffen, um auch hier eine Verwaltungsvereinfachung zu erreichen. Als Haupthandlungspunkte gelten daher in Wien „...die Umstellung auf ein transparentes und einfaches Entlohnungssystem, Schaffung eines neuen verwendungs-, erfolgs- und leistungsorientierten Gehaltssystems und (die) Gehaltskürzung bei minder oder nicht entsprechender Dienstleistung...".[241] Weitere Anreizansätze sind bereits in Planung bzw. in der Umsetzung. Davon sind jedoch viele dieser Anreize immaterieller Art, z. B. die Gestaltung des Arbeitsplatzes. Wien legt insbesondere Wert auf die Umsetzung des „Cafeteria-Modells". Hierbei soll dem Mitarbeiter die Möglichkeit gegeben werden, aus einem Pool von Anreizen, die ihm entgegenkommen, entsprechend seiner Leistung zu wählen. Alle Maßnahmen sind auf Langfristigkeit angelegt. Die Stadt Wien als Arbeitgeber ist sich bewusst, dass die Umstellung auf leistungsorientierte Entlohnung zum

[238] Vgl. Schedler, K., Anreizsysteme in der öffentlichen Verwaltung, 1993, S. 222.

[239] Vgl. Ritz, A.; Thom, N., Schweizer Reformprojekte zeigen vielschichtige Wirkung, 2003, S. 17.

[240] Vgl. Magistrat der Stadt Wien, Steuerung und Förderung einer leistungsgerechten Einkommensentwicklung sowie finanzieller Anreizsysteme, 2001, S.1.

[241] Magistrat der Stadt Wien, Steuerung und Förderung einer leistungsgerechten Einkommensentwicklung sowie finanzieller Anreizsysteme, 2001, S.1.

Anfang mit finanziellem Mehraufwand verbunden sein wird. Diese Veränderungen hin zur leistungsorientierten Entlohnung werden sich auf lange Sicht wieder amortisieren. Diesbezüglich wünscht sich die Stadt Wien nach der Einführung im Grundsatz eine kostenneutrale Durchführung. Aber auch in Wien wird darauf hingewiesen, dass Umstellungen aufgrund der schlechten budgetären Situation nur dann umgesetzt werden dürfen, wenn der Gesamtpersonalaufwand nicht erhöht wird. Bereits umgesetzt wurden die Überarbeitung der Beförderungsrichtlinien sowie die Ausgleichszulagenregelung. Mitarbeiter haben dadurch eher die Chance, höherwertige Dienstposten zu übernehmen und so auch ihren Leistungen entsprechende Einkommen zu erzielen.[242]

---

[242] Vgl. Magistrat der Stadt Wien, Steuerung und Förderung einer leistungsgerechten Einkommensentwicklung sowie finanzieller Anreizsysteme, 2001, S.3.

5 Problemdarstellungen und Verbesserungsvorschläge

Nicht nur bei der Besoldung und Vergütung in Landes- und Bundesverwaltungen, sondern auch in Kommunalverwaltungen wurden Veränderungen registrierbar. Die im Jahre 1997 initiierte Dienstrechtsreform schaffte es, den Leistungsgedanken wieder in den Mittelpunkt von Verhandlungen wie auch dem täglichen Geschehen in Kommunalverwaltungen zu rücken. Erste Ansätze zu einer verstärkten Leistungsorientierung wurden umgesetzt.

Dennoch muss festgestellt werden, dass die seit 1997 laufenden Reformen einige wesentliche Punkte nicht genügend berücksichtigen. Zu den allgemeinen Schwachstellen des Dienstrechtes, die auch durch die Reform von 1997 nicht geändert wurden, zählt u. a. die weiter bestehende Differenzierung in Beamte und Angestellte, welche im Art. 33 V des GG festgeschrieben ist. Des Weiteren gibt es immer noch eine hohe Menge an Konkretisierungen von tariflichen und gesetzlichen Regelungen. Dies resultiert in einer mengenmäßige Beschränkung an finanziellen Leistungsanreizen in der Kommunalverwaltung sowie die geringe Anzahl an Sanktionsmöglichkeiten bei negativer Leistungserbringung. Die wesentlichsten Probleme und Vorschläge zur Verbesserung werden im Folgenden näher erläutert.

5.1 Veränderung von § 27 BBesG

Wie auch in der Privatwirtschaft gilt in der Kommunalverwaltung das Prinzip der Leistung. Die in der Kommunalverwaltung geltende Verwaltungstreue steht diesem Ansatz jedoch klar entgegen. Durch die Veränderung des § 27 III Satz 3 BBesG wird dem Dienstherren zwar die Möglichkeit gegeben, den Beamten bei negativer Leistungsfeststellung verlängert in seiner Stufe zu belassen, allerdings ist dies nicht zwingend vorgeschrieben.[243] Somit wird heutzutage meist noch ohne eine ausdrücklich positive Leistungsfeststellung ein Aufstieg durchgeführt. Dies hat zur Folge, dass der bis dato bestehende wenig leistungsorientierte Ansatz der Dienstaltersstufen bewahrt bleibt. Die in der Kommunalverwaltung tätigen Beamten, sind z. T. auch heute noch der Meinung, dass mit der Übertragung ihrer Aufgaben und deren Ausübung,

[243] Vgl. Göser, H.; Schlatmann, A., Leistungsbezahlung in der Besoldung, 1998, S. 19.

ein besoldungstechnischer Aufstieg innerhalb ihrer Besoldungsgruppe gerechtfertigt ist und eine explizite Leistungsfeststellung als nicht notwendig angesehen werden muss. Hierbei wird jedoch darauf hingewiesen, dass bei einer förmlichen dienstlichen Beurteilung, wie sie eine Anlassbeurteilung darstellt, zu Diskrepanzen kommen kann. Probleme treten auf, wenn der Honorierungsberechtigte und der entscheidende Beurteilende nicht eine Person sind. Dies ist momentan der Fall bei einer Regelbeurteilung. Hier ist es der Zweitbeurteilende, der abschließend die Note festlegen darf. Momentan ist es gemäß § 27 IV Satz 2 BBesG der Erstbeurteilende, der über einen vorzeitigen Stufenaufstieg entscheiden kann.[244] Damit ist also auch die Regelung der abschließenden Notengebung bei Personalbeurteilungen noch mal zu überdenken. Denn das Ziel soll, ähnlich dem NSM, weiterhin die Dezentralisierung sein, d. h. auch Notengebung und Entscheidungsfindung sollten sachverhalts- und personennah erfolgen.[245]

Im gleichen Zusammenhang stellen Göser, Schlatmann und Krauss-Hoffmann fest, dass der Gebrauch von Sanktionsmöglichkeiten flächendeckend nicht offensichtlich wird. Die Befürchtung der mangelhaften Umsetzung der Hemmung des Beamtenstufenaufstiegs bei Minderleistungen, welche erst durch § 27 III Satz 3 BBesG und die damit verbundene Stufenverordnung existent ist, wird geäußert. Außerdem ist Bönders der Ansicht, dass diese Sanktionsmöglichkeit als nicht ausreichend eingeschätzt werden muss. Zusätzlich wird herausgearbeitet, dass derartige Anreize, wie sie der § 27 BBesG enthält, für Beamte auf Probe[246], Beamte in der Endstufe und Beamte der B-Besoldung überhaupt nicht existent sind.[247] Außerdem scheinen die Bedenken, die gegen § 27 III Satz 3-6 BBesG geäußert werden, berechtigt. Diese resultieren aus der nicht vorhandenen Unterscheidung zwischen auftretenden Schlechtleistungen auf-

---

[244] Vgl. Krauss-Hoffmann, P., Monetäre Leistungsanreize im Öffentl. Sektor, 2002, Kapitel 06.16, S. 13f. sowie vgl. Bönders, T., Neue Leistungselemente in der Besoldung – Anreiz oder Flop, 1999, S. 13.

[245] Vgl. Göser, H.; Schlatmann, A., Leistungsbezahlung in der Besoldung, 1998, S.24.

[246] Nur konstante Leistungsträger haben diese Chance bzw. dieses Risiko der Stufenveränderung.

[247] Vgl., Bönders, T., Neue Leistungselemente in der Besoldung – Anreiz oder Flop, 1999, S. 11; vgl. Lecheler, H., Reform oder Deformation?, 1997, S. 208 und 15; vgl. Göser, H.; Schlatmann, A., Leistungsbezahlung in der Besoldung, 1998, S.19, 23 sowie vgl. Krauss-Hoffmann, P., Monetäre Leistungsanreize im Öffentl. Sektor, 2002, Kapitel 06.16, S. 14.

grund von gesundheitlichen Schwierigkeiten und vorwerfbarer Schlechtleistung. Stufenaufenthalts-verlängerungen sind bei beiden möglich.[248]

Des Weiteren muss festgestellt werden, dass der Anreizcharakter des § 27 BBesG insgesamt abgeschwächt wird, und zwar dadurch, dass innerhalb der Besoldungsgruppen bei Steigerungsbeträgen lediglich eine Umschichtung durchgeführt wird. Daher sind bei Berufsbeginn höhere Steigerungsbeträge und mit höherem Dienstalter niedrigere Steigerungsbeträge zu erzielen. Festzustellen ist überdies, dass die mit einer geringeren Stufenanzahl eingeführte Besoldungstabelle ebenfalls ein späteres Erreichen des Endgrundgehaltes auslöst. Daher besteht die Möglichkeit, dass Beamte, welche durch die Besoldungsordnung A alimentiert werden, ein geringeres Lebenseinkommen erhalten. Dass eine Fokussierung auf Leistung durch Leistungsentgeltbestandteile nicht gleichbedeutend sein kann mit einem insgesamt definitiv sinkenden Entgelt, sollte klar sein. Ansonsten wird in erheblichem Umfang Demotivation erzeugt, was nicht im Sinne der Reformatoren sein kann. Als letzte Feststellung zum § 27 BBesG muss leider angemerkt werden, dass die Möglichkeit des Stufenwiderrufs nicht ausdrücklich geregelt ist. Daher wird die erreichte Besoldungshöhe eher als Selbstverständlichkeit denn als Anreiz Wirkung zeigen.[249] Hierbei verweisen Wind, Schimana und Wichmann auf den Punkt, dass eine Verbleibensentscheidung einen Rechtsakt darstellt und damit auch mit einer Anfechtungsklage überprüft werden kann.[250] Der für Beamte in Kommunalverwaltungen misslichste Punkt wird jedoch wahrscheinlich der sein, dass die Änderungen des § 27 BBesG für sie nur Geltung finden, wenn gemäß § 27 III Satz 5 BBesG das jeweilige Bundesland eine Landesverordnung als Ermächtigungsgrundlage erschaffen hat. Vorher ist die Anwendung der durch die Dienstrechtsreform beschlossenen Änderungen von § 27 BBesG für sie nicht von Relevanz.[251]

---

[248] Vgl. Bönders, T., Leistungselemente in der Besoldung – Anreiz oder Flop?, S. 14.

[249] Vgl. www.bmi.bund.de/top/dokumente/pressemitteilung/ix_94032.htm, 17.06.2004; vgl. Bönders, T., Leistungselemente in der Besoldung – Anreiz oder Flop?, S. 15 sowie vgl. Krauss-Hoffmann, P., Monetäre Leistungsanreize im Öffentl. Sektor, 2002, Kapitel 06.16, S. 14.

[250] Vgl. Wind, F.; Schimana, R.; Wichmann, M., Öffentliches Dienstrecht, 1998, S. 336.

[251] Vgl. Wind, F.; Schimana, R.; Wichmann, M., Öffentliches Dienstrecht, 1998, S. 334.

5.2 Einführung von § 42a BBesG

Die nicht vorhandene Definierung des Leistungsbegriffs und die damit nur in geringem Umfang gegebene Objektivität bei der Bestimmung von honorierungswürdigen Leistungen ist einer der Schwachpunkte bei der Einführung des § 42a BBesG. Zwar wird es schwer sein, Kriterien zur Bestimmung zu entwerfen, aber positiv wäre, dass sich mehr Beschäftigte mit einer sachlichen Entscheidung zufrieden gäben.[252] Außerdem ist zu bemängeln, dass Prämien und Zulagen in der Praxis eher seltener Beamte in unteren Besoldungsgruppen, im einfachen und mittleren Dienst, erhalten sowie die Anwendung des § 42a BBesG nicht auf Beamte der Besoldungsordnung B Anwendung findet.[253] Die Änderungen des BesStrukG vom 21. Juni 2002 ermöglichen durch eine „Transferklausel" beim Verzicht auf die Vergabe von Leistungsstufen, diese Mittel für die Leistungsprämien und –zulagenverwendung zu nutzen. Aufgrund der Erkenntnisse aus dem Bericht zur Dienstrechtsreform wurden diese Änderungen im BesStrukG umgesetzt. Demnach erhalten Leistungsprämien den höchsten Zuspruch unter Beschäftigten. Vielleicht liegt dies aber an der mangelnden Information über Leistungsstufen sowie der geringen Anzahl an Leistungsstufenverordnungen in Deutschland.

5.3 Quotierungsfestlegung

Das willkürliche Setzen von Quoten, bspw. durch die Dienstrechtsreform 1997 in § 27 III Satz 2 und § 42a II Satz 1 BBesG in Höhe von maximal 10% und durch die Einführung des BesStrukG vom 21. Juni 2002, ergibt eine Erhöhung auf maximal 15% von Begünstigten und eine Quote von Nichtbegünstigten in Höhe von 85% bzw. 90%. Nichtbegünstigte können gemäß Schedler den Folgen von Demotivierung unterliegen. Denn gerade ein System, das eine große Anzahl von „Verlierern" zurücklässt, bietet damit ein hohes Frustpotential.[254] Dabei wird deutlich, dass bei einem

[252] Vgl. Bönders, T., Leistungselemente in der Besoldung – Anreiz oder Flop?, S. 17f.

[253] Vgl. Schreiben des Bundesinnenministeriums an den Senator für Finanzen Bremen, 04.11.1994, S. 4 und vgl. Göser, H.; Schlatmann, A., Leistungsbezahlung in der Besoldung, 1998, S. 61.

[254] Vgl. Breisig, T., Die Pferdefüsse leistungsorientierter Bezahlung, 1999, S. 31; vgl. Dulisch, F., Leistungsprämien als Motivationsanreiz, 1996, S. 54f.; vgl. Lecheler, H., Reform oder Defor-

ständigen Wettbewerb um Besoldungs- oder Vergütungsbestandteile unter den Mitarbeitern die Gefahr erheblich ist, dass Kooperation und damit auch die kommunale Gesamtleistung nachlässt.

Das willkürliche Setzen einer Quotierung in Höhe von maximal 10% bzw. 15% der Beschäftigten einer Organisationseinheit entspricht nicht einem gesamten Leistungssteigerungsgedanken durch monetäre Leistungsanreize. Bahnmüller, Schlatmann und Krauss-Hoffmann sind der Meinung, dass der beliebigen Verteilung von Leistungsprämien u. ä. wie dem „Gießkannenprinzip" durch diese Quote entgegengewirkt werden kann.[255] Allerdings ist das nicht abschließend geklärt. Denn in keiner gesetzlichen Grundlage ist fixiert, dass nicht im Jahr 01 diese 15% der Belegschaft, im folgenden Jahr die nächsten 15% der Mitarbeiter und im 3. Jahr wiederum andere Mitarbeiter in den Genuss von Prämien und Zulagen kommen können. Daher ist auch hier immer noch eine Art Hintertür für unlauteres Verhalten offen.

Im Falle der durch den Dienstherrn mit Hilfe von Beurteilungsverfahren festgestellten, herausragenden und besonderen Leistungen bei mehr als 15% der Belegschaft ist diesem keine Handhabe gegeben, auch mehr als die gegebene Quote bei der Vergabe von Prämien, Zulagen oder der Stufenerhöhung zu berücksichtigen.[256] Zusätzlich ist die Möglichkeit gegeben, auch bei Nichtvorliegen von herausragenden und besonderen Leistungen, vom vorhandenen Etat Gebrauch zu machen, um die veranschlagten Haushaltsmittel bis zur Quote in Höhe von 15% zu nutzen.[257] Daher ist die Frage, inwieweit die bereits durch ihren Status als Beamte zur Leistung angehaltenen Mitarbeiter durch die Dienstrechtsreform veränderten Vorschriften hier noch Leistungshonorierung verwirklicht, oder ob durch die Quotierung das Gros der Mitarbeiter dadurch nicht eher demotiviert wird. Eine analoge Frage kann im Falle der Kommunal-

---

mation?, 1997, S. 207; vgl. Mezger, E., Was leisten Leistungsanreize?, 2002, S. 5 und vgl. Schedler, K., Anreizsysteme in der öffentlichen Verwaltung, 1993, S. 90ff..

[255] Vgl. Bahnmüller, R., Trends betrieblicher Entgelt- und Leistungsregulierung, 1999, S. 18; vgl. Mezger, E., Was leisten Leistungsanreize?, 2002, S. 6; vgl. Bönders, T., Leistungselemente in der Besoldung – Anreiz oder Flop?, S. 18 und vgl. Krauss-Hoffmann, P., Monetäre Leistungsanreize im Öffentl. Sektor, 2002, Kapitel 06.16, S. 15 und vgl. Schlatmann, A., Leistungsbezahlung im öffentlichen Dienst, 1999, S. 113.

[256] Vgl. Göser, H.; Schlatmann, A., Leistungsbezahlung in der Besoldung, 1998, S.17 und vgl. Bönders, T., Leistungselemente in der Besoldung – Anreiz oder Flop?, S. 16.

verwaltungsangestellten gestellt werden, wenn für sie verwaltungsinterne Absprachen angewandt werden, die denen der Beamten wie der Leistungsprämien- und zulagenverordnung gleichkommen. Denn auch hier müssen die Motivierungserfolge in Frage gestellt werden. Breisig und Krauss-Hoffmann formulieren nachdrücklich die potentielle Möglichkeit der Leistungsminderung der jeweiligen Kommunalverwaltung, wenn möglicherweise 85% der Nichtbegünstigten dadurch demotiviert ihre Aufgaben verrichten. Dulisch fragt sich, ob die 15% Begünstigten die Schlechtleistung von 85% Nichtbegünstigten kompensieren können.[258] Denn an erster Stelle soll eine motivierte Belegschaft und eine Produktivitätserhöhung in der Kommunalverwaltung erzeugt werden, ob dies mit einer derartigen Quotierung umsetzbar ist, bleibt fraglich.[259] Auch bei diesen Szenarien wird deutlich, dass die Wichtigkeit eines objektiven Beurteilungssystems von Leistungen für alle Kommunalverwaltungen viele Frustpotentiale entschärfen könnte und diese nicht mit Quotierungsvorschriften ausgestattet sein sollten. Die Bundesvereinigung der kommunalen Spitzenverbände kommt ebenfalls zu dem Ergebnis, dass die in § 42a BBesG eingefügte Quotierung aufgegeben werden sollte.[260] Denn im gleichen Zusammenhang wurde § 41a der BLV eingefügt. Laut § 41a Satz 1 BLV darf der Anteil, der mit eins beurteilten Beamten nur mit 15% vertreten sein und den mit Note zwei Bewerteten wird ein Anteil von 35 Prozent der Organisationseinheit zugewiesen. Ob auch diese Quotierungen sinnvoll sind, bleibt dem Betrachter überlassen. Für die Quotierung im Fall von § 27 III Satz 2 und § 42a II Satz 1 BBesG empfiehlt Bönders als Lösung die Veranschlagung von Haushaltsmitteln mit der Grenze aus § 42a III Satz 1 BBesG, wobei dies nicht personenbezogen erfolgt. Daraufhin kann dann dieser Gesamtbetrag an die herausragenden Leistungsträger verteilt werden. So soll eine Übertragung in das folgende Haushaltsjahr möglich sein, um „Dezemberfieber“ vorzubeugen. Bei dieser Art der Mittelbewirtschaf-

[257] Vgl. KGSt-Bericht 3/1999, Leistungsermittlung, S. 62f. und vgl. Krauss-Hoffmann, P., Monetäre Leistungsanreize im Öffentl. Sektor, 2002, Kapitel 06.16, S. 15.

[258] Vgl. Dulisch, F., Leistungsprämien als Motivationsanreiz, 1996, S. 53ff. und vgl. Breisig, T., Die Pferdefüsse der leistungsorientierten Bezahlung, 1999, S. 31 sowie vgl. Krauss-Hoffmann, P., Monetäre Leistungsanreize im Öffentl. Sektor, 2002, Kapitel 06.16, S. 15.

[259] Vgl. Kempe, M., Wilkahn setzt Signale, 1999, S. 25.

[260] Vgl. Holzrichter, E., KGSt-Präsentation „Moderner Staat-Materielle Leistungsanreize in öffentlichen Verwaltungen, 2000, Folie 12.

tung wird der Teamarbeit weiter Vorschub geleistet sowie eine flexible und wirtschaftliche Mittelbewirtschaftung praktiziert.[261]

5.4 Leistungsbeurteilung

Die Tatsache, ob Identität zwischen dem Leistungsbegriff gemäß § 27 III BBesG und den allgemeinen Beurteilungsregelungen des § 41 I BLV bestehen, ist fraglich. Wobei Göser und Schlatmann eindeutig davon sprechen, dass die hier geforderte Leistungsfeststellung in keinem Zusammenhang mit der normalen dienstlichen Beurteilung steht. Zwar können die Bestbeurteilten mit den Leistungsstufeninhabern übereinstimmen, dies ändere jedoch nichts daran, dass keine dienstliche Beurteilung für die Feststellung eines verfrühten Leistungsstufenaufstiegs nötig ist. Die Autoren halten es für richtig, da so weniger Formalien notwendig werden.[262] Es gibt unterschiedliche Definitionen, z. B. in § 27 III BBesG (dauerhaft herausragende Leistung) und § 2 I Satz 1 der Landesverordnung zur Durchführung der §§ 27 und 42a des BBesG von Rheinland-Pfalz und § 2 II Satz 1 LStufV von Nordrhein-Westfalen (dauerhaft herausragende Gesamtleistung), die nicht in Einklang gebracht werden können.[263] Die verschiedenen Landesleistungs-stufenverordnungen als Grundlage für Handlungen in Kommunalverwaltungen können die angesprochene Diskrepanz deutlich machen. Grundsätzlich kann davon ausgegangen werden, dass alle Definitionen das gleiche Ziel verfolgen. Freiraum für Zweifel lässt jedoch diese nicht identische Wortwahl. Inhaltlich sollen laut § 41 I BLV die geistige Veranlagung, der Charakter, der Bildungsstand, die Arbeitsleistung und das soziale Verhalten sowie die Belastbarkeit festgestellt werden. Laut bspw. § 5 I Satz 1 LStufV Nordrhein-Westfalen muss keine Beurteilung, sondern kann die Leistungsfeststellung aufgrund der letzten dienstlichen Beurteilung oder einer Leistungseinschätzung erbracht werden. Gemäß Bönders ist klar, dass das angewandte Verfahren eine verkürzte Benennung der analytischen Punktbewertung, wie sie im Regelbeurteilungsverfahren normal ist, erfol-

---

[261] Vgl. Bönders, T., Leistungselemente in der Besoldung – Anreiz oder Flop?, S. 18 und Interview mit Hartmut Perschau, Freie Hansestadt Bremen, Wirtschaftssenator a.D. in Bremen, 26.05.2004.

[262] Vgl. Göser, H.; Schlatmann, A., Leistungsbezahlung in der Besoldung, 1998, S.33 und vgl. Schlatmann, A., Leistungsbezahlung im öffentlichen Dienst, 1999, S. 112.

[263] Vgl. Tondorf, K., Leistungszulagen als Reforminstrument, 1997, S. 68 und vgl. Bönders, T., Leistungselemente in der Besoldung – Anreiz oder Flop?, 1999, S. 13.

gen muss.[264] Vielleicht sollte aber gerade diese Kürze vermieden werden, indem häufiger als momentan nötig eine Regelbeurteilung erfolgt und diese dann definitiv mit einer Leistungsbeurteilung gleichgesetzt wird. Inhalte verschiedener Bundesländer-LStV halten momentan also die letzte dienstliche Beurteilung bzw. eine aktuelle Leistungsfeststellung für ausreichend, um eine dauerhaft herausragende Leistung zu bescheinigen. Liegt jedoch Schlechtleistung vor, so wird die Herunterstufung an eine dienstliche Beurteilung gebunden, da es ein Eingriff in bestehende Rechte beinhaltet.[265] Im Falle von Leistungszulagen und Leistungsprämien ist noch weniger das Erfordernis von einer dienstlichen Beurteilung gegeben. Hier muss der Feststellende lediglich die honorierungswürdige Leistung kurz schriftlich darstellen und sie begründen.[266]

In Kommunalverwaltungen ist das dienstliche Beurteilungswesen ein umstrittener Punkt.[267] Gemäß § 40 I Satz 1 BLV sind regelmäßige Beurteilungen, welche durch die Dienstvorgesetzten vorgenommen werden, spätestens nach Ablauf von fünf Jahren für Beamte vorgesehen.[268] Hierbei sollte zwischen Anlass- und Regelbeurteilung differenziert werden.[269] In Kommunalverwaltungen finden gemäß § 95 I BBG Anlassbeurteilungen aufgrund von anstehenden Beförderungen, z.B. in Bremen immer zum 01.10. eines jeden Jahres, statt. Weitere Beurteilungsanlässe bilden bspw. Versetzung oder Beendigung der Probezeit. Diese Beurteilungsart findet in Kommunalverwaltungen viele Befürworter.[270] Leider wird dabei verkannt, dass diese Beurteilungen den Zweck haben, eine Tätigkeit, z. B. die Versetzung, zu fundieren. Dabei kommt die Frage auf, ob nicht erst durch die Beurteilungen eine Tätigkeit veranlasst werden sollte. Demzufolge sollte auf eine „echte“ Regel-beurteilung abgezielt wer-

---

[264] Vgl. Bönders, T., Leistungselemente in der Besoldung – Anreiz oder Flop?, 1999, S. 13.

[265] Vgl. Vgl. Wind, F.; Schimana, R.; Wichmann, M., Öffentliches Dienstrecht, 1998, S. 335 und vgl. Göser, H.; Schlatmann, A., Leistungsbezahlung in der Besoldung, 1998, S.42f..

[266] Vgl. Schlatmann, A., Leistungsbezahlung im öffentlichen Dienst, 1999, S. 112.

[267] Vgl. Althoff, K.; Thielepape, M., Psychologie in der Verwaltung, 1995, S. 254.

[268] Vgl. KGSt-Bericht 3/1999, Leistungsermittlung, S. 32f. und Interview mit Michael Klug, Sachgebietsleiter Steuerfahndung im Finanzamt Neubrandenburg, 16.01.2004.

[269] Vgl. Wind, F.; Schimana, R.; Wichmann, M., Öffentliches Dienstrecht, 1998, S. 224 und vgl. KGSt-Bericht 3/1999, Leistungsermittlung, S. 40.

[270] Vgl. Wagner, F., Beamtenrecht, 2002, S. 69ff. und vgl. Althoff, K.; Thielepape, M., Psychologie in der Verwaltung, 1995, S. 260.

den, z. B. eine jährlich stattfindende Beurteilung.[271] Dieser Weg sollte jedoch nur beschritten werden, wenn der Erstbeurteilende auch die abschließenden Notenentscheidungsgewalt hat und nicht, wie momentan im beamtenrechtlichen Beurteilungswesen, der Zweitbeurteiler eine abschließende Notengebung veranlassen kann. Gesetzlich vorgeschrieben ist, dass der unmittelbare Vorgesetzte die Beurteilung vornehmen soll, jedoch aus organisatorischen Gründen der Dienstvorgesetzte diese Aufgabe delegieren kann.[272]

Zusätzlich üben Experten seit geraumer Zeit Kritik am derzeitigen regulären Beurteilungsverfahren gemäß § 41 I Satz 1 BLV. U. a. bemängelt Reichard dieses Verfahren, da Zeitabstände viel zu lang sind und eine Art der „Freundschaftsbeurteilung" immer noch feststellbar ist, welche eine objektive Vergleichbarkeit von Personen unmöglich macht. Außerdem ist eine Problematisierung bei frei formulierten Beurteilungen anzunehmen, indem hierbei gleichartige Sachverhalte und Ergebnisse unterschiedlich beurteilt werden.[273] Des Weiteren mahnen Althoff und Thielepape neben der schwachen Aussagekraft von Beurteilungen in Kommunalverwaltungen die unzureichende Weiterbildung von Beurteilern, den geringen Sachstand über die Absicht von Beurteilungen, die verschiedenen Beurteilungskriterien, den Zwang zur Beurteilungserstellung bei gesetzlichen Zeitpunkten wie Beförderungen, die unausgereifte Überprüfung von Beurteilern und vor allem die fehlenden Wirkungen aus Beurteilungen für die Beurteilten an.[274] Dies sind z. T. auch die Gründe, warum einige Vorgesetzte wie aber auch Mitarbeiter momentan noch nicht den Sinn einer möglicherweise sogar jährlich stattfindenden Personalbeurteilung erkennen können. Bei manchen Unternehmen, wie dem Möbelproduzenten Wilkahn, sind halbjährliche Be-

---

[271] Vgl. Althoff, K.; Thielepape, M., Psychologie in der Verwaltung, 1995, S. 259 und Interview mit Hans-Joachim Kück,, Freie Hansestadt Bremen, Personalreferent des Amtes für Soziale Dienste Bremen, 18.06.2004.

[272] Vgl. Wind, F.; Schmana, R.; Wichmann, M., Öffentliches Dienstrecht, 1998, S. 224 und Interview mit Michael Klug, Sachgebietsleiter Steuerfahndung im Finanzamt Neubrandenburg, 16.01.2004.

[273] Vgl. Reichard, C., Betriebswirtschaftslehre der öffentlichen Verwaltung, 1987, S. 270f.; vgl. Mezger, E., Was leisten Leistungsanreize?, 2002, S. 9; vgl. Tondorf, K., Leistungszulagen als Reforminstrument, 1997, S. 38 und vgl. Krusekamp, H., Die Bestenauslese wird ihrem Anspruch nicht gerecht, 2004, S. 31.

[274] Vgl. Althoff, K.; Thielepape, M., Psychologie in der Verwaltung, 1995, S. 254f..

urteilungen nach einem objektiven Beurteilungsbogen Normalität.[275] Bei vorgeschlagener erhöhter Häufigkeit der Anzahl von Beurteilungen erfolgen Proteste insbesondere der Beurteilenden. Ihnen fehlt die Zeit, die für Beurteilungen nach diesem Systemvorschlag nötig wäre. Die Beurteilungen müssen in die Personalakte gelangen. Beurteilende sehen es als ausreichend an, wenn nur vor Beförderungen beurteilt wird.

Im Angestelltenrecht sind gemäß BAT, Beurteilungen in Kommunalverwaltungen, im Gegensatz zum Beamtenrecht, überhaupt nicht vorgeschrieben. § 13 II Satz 1 BAT sagt hierzu lediglich aus, dass dem Angestellten bei für ihn ungünstigen Beschwerden oder Behauptungen Gehör zu verschaffen ist. Das Bundesarbeitsgericht hat aus dieser Regelung das Arbeitgeberrecht abgeleitet, seine Mitarbeiter zu beurteilen. Hingegen besteht in öffentlichen Unternehmen sogar die Möglichkeit von Betriebsvereinbarungen, die das Gebiet der Personalbeurteilung regeln.[276] Angestellten in Kommunalverwaltungen bleiben damit nur die Möglichkeiten einer vorgesehenen Beurteilung, vor einem Bewährungsaufstieg oder auf eigenen Wunsch. Lediglich in zwei Bundesländern, Schleswig-Holstein und Sachsen-Anhalt, ist die Beurteilungsvornahme von Angestellten obligatorisch.[277] Daher ist es wenigstens erstrebenswert, wenn den beamtenrechtlichen Regelungen nahe kommende Vorschriften auch für alle Angestellte Pflicht wären. Diese Meinung teilen Personalreferenten, u. a. Kück.[278] Im Jahr 2004 finden z. B. im Land Bremen die Beurteilungsvorschriften/ Vordrucke nur auf ca. 22% der Mitarbeiter Anwendung. Nur ca. 1% der Angestellten wird auf Basis der eben genannten Instrumente beurteilt.[279]

Krauss-Hoffmann merkt an, dass in der Praxis Beamte entsprechend dem Status ihres jeweiligen Amtes beurteilt werden, d. h, es wird nach den Anforderungen, die das Amt mit sich bringt und nach den Beamtenleistungen, die der Laufbahn- und Besoldungsgruppe entsprechen, beurteilt. Die konkreten Leistungen des Beamten sind da-

---

[275] Vgl. Kempe, M., Wilkahn setzt Signale, 1999, S. 25.

[276] Vgl. Althoff, K.; Thielepape, M., Psychologie in der Verwaltung, 1995, S. 254 und vgl. Krauss-Hoffmann, P., Monetäre Leistungsanreize im Öffentl. Sektor, 2002, Kapitel 06.16, S. 5 u. 19.

[277] Vgl. Senator für Finanzen, Beurteilungswesen im bremischen öffentlichen Dienst 2001-2004, 2004, S.5.

[278] Interview mit Hans-Jochachim Kück, Freie Hansestadt Bremen, Personalreferent des Amtes für Soziale Dienste Bremen, 18.06.2004.

[279] Vgl. Senator für Finanzen, Beurteilungswesen im bremischen öffentlichen Dienst 2001-2004, 2004, S.3.

mit also nicht im Mittelpunkt, was er als eine weitere negative Eigenschaft des Beurteilungswesens in Kommunalverwaltungen ansieht.[280]

Da Angestellte dem Grundsatz der funktionsgerechten Bezahlung unterworfen sind, gilt für sie die Regel, dass sie bei Maßnahmen der Arbeitsanreicherung einen Antrag auf Höherstufung stellen können, was mit schwer kalkulierbaren Folgekosten verbunden ist. Daher wird oftmals von vornherein genau geprüft, ob aus Arbeitsverlagerung Höhergruppierungsanträge erwachsen können.

Das noch heute aktuelle Beurteilungssystem in Kommunalverwaltungen wird weitläufig als „Gießkannen“-System bezeichnet. Ihm ist nicht viel Positives abzugewinnen. Denn wo Bewerbungssausschreibungen bspw. so weit eingeschränkt werden, dass der Bewerberkreis stark limitiert ist und sich interne Bewerber nicht anstrengen müssen, um mit ihrer Beurteilung ihr Ziel zu erreichen, entsteht allenfalls der Schein von Wettbewerb.[281] In diesem Zusammenhang sollte nachgedacht werden, ob nicht ein formalisiertes, objektives, exaktes, messbares bzw. überprüfbares und flächendeckendes Messverfahren für alle Kommunalverwaltungen eingeführt werden kann.[282] Durch eine Länderumfrage des Ministeriums für Inneres und Sport des Saarlandes im Juli 2000 wurde herausgefunden, dass neben Bremen auch weitere Bundesländer wie auch der Bund um eine grundsätzliche Beurteilungsrichtlinie bemüht sind.[283] Dieses sollte Vorgesetzte veranlassen, Mitarbeiter, Beamte wie auch Angestellte, in regelmäßigen und damit auch überschaubaren Zeitabständen, z. B. einmal jährlich zu beurteilen. Dabei kann sich unterstützend des Modells des Mitarbeiter-Vorgesetzten-Gesprächs[284] bedient werden, das aber dem Grunde nach nicht im Zusammenhang mit Beurteilungen stehen darf.

---

[280] Vgl. Krauss-Hoffmann, P., Monetäre Leistungsanreize im Öffentl. Sektor, 2002, Kapitel 06.16, S.6.

[281] Vgl. Krusekamp, H., Die Bestenauslese wird ihrem Anspruch nicht gerecht, 2004, S. 32.

[282] Vgl. Breisig, T., Die Pferdefüsse leistungsorientierter Bezahlung, 1999, S. 30 und vgl. Schröder, G. A., Möglichkeiten und Grenzen von Anreizsystemen, 1993, S. 331.

[283] Vgl. Senator für Finanzen, Beurteilungswesen im bremischen öffentlichen Dienst 2001-2004, 2004, S.315f und vgl. Oechsler, W., Methodische Grundlagen der Leistungsbeurteilung unter Einbeziehung von interkommunalen Leistungsvergleichen, 2001, S.31.

[284] Vgl. KGSt-Bericht 2/2002, Das Mitarbeitergespräch in der Praxisbewährung, S. 12.

Von absoluter Wichtigkeit ist die Sachlichkeit der Beurteilungskriterien. Wie diese objektiven Kriterien definiert werden können, wird im Punkt „Zielvereinbarung" aufgezeigt. Dadurch ergibt sich oftmals für die Mitarbeiter ein Anreiz an Motivation und Leistungsbereitschaft, denn nun wissen sie, wo sie stehen und was sie können. Dabei ist es wichtig, die Beurteilung in zwei Teile zu unterscheiden. Ein Teil bildet die Potentialbeurteilung, welche zukünftige Möglichkeiten anhand von Sozialkompetenz, Fachkompetenz und Methodenkompetenz untersucht. Dies ist heute noch nicht der Fall, d. h. potentielle Leistungsmöglichkeiten werden nicht beurteilt.[285] Zur Orientierung befindet sich in Anlage 3 ein Muster zur Potentialeinschätzung. Der andere Teil sollte die Leistungsbeurteilung sein, denn dieser Teil ist nur vergangenheitsorientiert. Er wertet die in der bisherigen Funktion gezeigten Leistungen.[286] Da hier nur die vergangenen Leistungen der Mitarbeiter beurteilt werden, ist eine gewisse Demotivierung möglich und eine Zukunftsorientierung durch die Potentialbeurteilung, die das Qualifikationspotential innehat, als Ergänzungsstück sollte nicht vergessen werden. Auch sind Gewerkschaftsvertreter, wie Steinort, der Meinung, dass mit den momentanen Instrumenten der Leistungsbeurteilung keine akzeptable Leistungsunterscheidungsmöglichkeit vorliegt.[287] Der als Anlage 2 eingefügte Leistungsbewertungsbogen kann als Grundlage für einen Teil der Bewertung dienen. Zusätzlich kann der Vorgesetzte einen Bogen zur Potentialbeurteilung erstellen. Beurteilungsfehler, die vermieden werden sollten, sind die selektive Wahrnehmung, situationsbedingte Beurteilungsfehler (Stimmungen, Gefühle), einmalige Wahrnehmung als Gesamtbildwahrnehmung, persönliche Einstellungen wie Sympathie und Antipathie. Bei Beurteilungen ist also die Unvoreingenommenheit des Vorgesetzten trotz sachlicher Kriterien nötig, denn oftmals entsteht die Annahme, dass Mitarbeiter in höheren Positionen bessere Mitarbeiter sind und dadurch größere Leistungen bringen. Durch die unvoreingenommene Kriterienabprüfung ist es möglich, Leistung am Ende eines Wertungszeitraums als Ganzes zu definieren und zu bewerten. Durch dies sind eine reali-

---

[285] Vgl. Rau, T., Betriebswirtschaftslehre für Gemeinden und Städte, 1994, S. 215; vgl. Schedler, K., Anreizsysteme in der öffentlichen Verwaltung, 1993, S. 9; vgl. Thom, N.; Ritz, A., Public Management, 2000, S. 322 und vgl. KGSt-Bericht 4/1999, Potentialermittlung, S. 10 und 15.

[286] Vgl. KGSt-Bericht 3/1999, Leistungsermittlung, S. 15f. und 53f.; vgl. Hoefert, H.-W.; Reichard, C., Leistungsprinzip und Leistungsverhalten im öffentlichen Dienst, 1979, S. 43ff.; vgl. Wagner, F., Beamtenrecht, 2002, S. 70; vgl. Wind, F.; Schimana, R.; Wichmann, M., Öffentliches Dienstrecht, 1998, S. 224 und vgl. Krieger, H.; Pekruhl, U., Lohn für Kooperation, 1999, S.21.

[287] Vgl. Steinort, U., Leistungsabhängige Bezahlung aus Sicht der Gewerkschaft ötv, 2001, S. 15.

stischere Selbsteinschätzung und eine Leistungsrückmeldung des Mitarbeiters möglich. Außerdem liefert diese Methode eine Idee für eine Verhaltensänderung des Mitarbeiters. Dem Vorgesetzten erlaubt es einen objektiven Vergleich seiner Mitarbeiter, der Prämien und Zuschläge wie auch Stufenveränderungen zur gerechten Anwendung verhilft, aber auch in Personalmaßnahmen, z. B. Höhergruppierungen und Beförderungen, münden kann. Denn gerade bei Höhergruppierungen aufgrund von Automatismus sieht Bahnmüller momentan große Gefahren.[288] Außerdem ist eine Leistungssteigerung der gesamten Belegschaft möglich durch eine Verbesserung des Beurteilungssystems.[289] Auch die KGSt stellte in ihrem Bericht der Leistungsermittlung 1999 fest, dass bisherige Verfahren zur Beurteilung wenig wirksam sind und daher effektive Beurteilungsverfahren erst entwickelt werden müssen. Hierbei wird den Verwaltungen nahegelegt, die differenzierten Kriterien der Zielvereinbarung und Zielerreichungsüberprüfung zu nutzen, welche im nächsten Punkt näher erläutert werden.[290] Denn nur durch konkrete Definitionen von Leistungen sowie objektive Honorierungskriterien ist eine sachliche und nachvollziehbare Wertung der Leistung möglich. Wie die Orientierung und Bestrebung nach einheitlichen Beurteilungsrichtlinien zeigen, sind gute Ansätze vorhanden. Auch das Bestreben um weitere Elemente der Leistungsbewertung, z. B. Zielvereinbarungen, sind positive Absichten.[291] Oftmals sind es auch die Personalräte, die sich gegen eine genauere Leistungsfeststellung wehren.[292] Bereits im Abschnitt der begrifflichen und theoretischen Grundlagen wurde auf die Erschwernis der Leistungsdefinition in Kommunalverwaltungen hingewiesen. Leider wurde auch in der Dienstrechtsreform im Jahre 1997 diesem Problemfeld wenig Aufmerksamkeit gewidmet, sowie keine abschließende Lösung hierfür herbeigeführt.

---

[288] Vgl. Bahnmüller, R., Trends betrieblicher Entgelt- und Leistungsregulierung, 1999, S. 18.

[289] Vgl. Kempe, M., Wilkahn setzt Signale, 1999, S. 25.

[290] Vgl. KGSt-Bericht 3/1999, Leistungsermittlung, S. 15.

[291] Vgl. Senator für Finanzen, Beurteilungswesen im bremischen öffentlichen Dienst 2001-2004, 2004, S.4, vgl. Landesregierung des Landes NRW, Bericht der Regierungskommission, 2003, S.117 und vgl. Althoff, K.; Thielepape, M., Psychologie in der Verwaltung, 1995, S. 256.

[292] Vgl. Lurse, K.; Stockhausen, A., Manager und Mitarbeiter brauchen Ziele, 2001, S. 155.

5.5 Zielvereinbarungen

Zielvereinbarungen können als die eben genannten objektiven Kriterien bezeichnet werden, die Leistungsbeurteilungen und Leistungsfeststellungen zur Grundlage dienen sollten. Damit sind sie Teil der Motivationstheorie „Management by Objektives" (MbO) in der Organisationspraxis.[293] MbO wurde erst in den 90-er Jahren als Unternehmensführungsinstrument besonders in deutschsprachigen Ländern, wiederentdeckt. Jedoch war es bereits in den 70-er Jahren als Element in Unternehmen bekannt.[294] Es handelt sich um eine Art der partnerschaftlichen Führungsform, die der subjektiven Verantwortung größtmöglichen Spielraum lässt und gleichzeitig den Vorstellungen aller Verwaltungsmitglieder eine gemeinsame Richtung gibt, Teamarbeit unterstützt und die Wünsche des Einzelnen mit den Zielen der Gesamtorganisation in Einklang zu bringen versucht. Dadurch wird eine bessere Koordination aller Verbesserungsschritte innerhalb der Organisation möglich.[295] Zielvereinbarungen dienen der Steuerung von Leistungserstellungen.[296] Bisher ist diese Art der objektiven Leistungsdefinierung und Leistungskontrollmöglichkeit nicht Pflicht. Diese Art hat zwar Grenzen, beinhaltet aber die Möglichkeit, mehr Leistungsfokussierung in Kommunalverwaltungen zu erzielen. Daher wird sie von namhaften Experten, wie dem Geschäftsführer des Forschungsinstituts für Arbeit, Technik und Kultur an der Universität Tübingen, Dr. Reinhard Bahnmüller, als ein immer wichtiger werdendes Element bezeichnet. Er erkennt, dass bei Unternehmen, die Zielvereinbarungen nutzen, in 2/3 der Fälle diese auch mit dem Entgelt verbunden sind. Denn diese scheinen laut ihm die Botschaft des Managements bezüglich der Leistungsorientierung klar formulieren zu können.[297] Auch Wind, Schimana und Wichmann sehen es als wichti-

---

[293] Vgl. Rau, T., Betriebswirtschaftslehre für Städte und Gemeinden, 1994, S. 259; vgl. Schedler, K., Anreizsysteme in der öffentlichen Verwaltung, 1993, S. 73 u. 139ff.; vgl. Hopp, H.; Göbel, A., Management in der öffentlichen Verwaltung, 1999, S. 200 und vgl. Hoefert, H.-W.; Reichard, C., Leistungsprinzip und Leistungsverhalten im öffentlichen Dienst, 1979, S. 63.

[294] Vgl. Ferguson, I., Management by Objectives, 1973, S.10 und vgl. Lurse, K.; Stockhausen, A., Manager und Mitarbeiter brauchen Ziele, 2001, S. 94.

[295] Vgl. Lurse, K.; Stockhausen, A., Manager und Mitarbeiter brauchen Ziele, 2001, S. 3 und vgl. Landesregierung des Landes NRW, Bericht der Regierungskommission, 2003, S.111.

[296] Vgl. Lasar, A., Dezentrale Organisation in der Kommunalverwaltung, 2001, S. 194.

[297] Vgl. Bahnmüller, R., Trends betrieblicher Entgelt- und Leistungsregulierung, 1999, S. 19 und vgl. Bertelsmannstiftung; Hans-Böckler-Stiftung und KGSt, Mitarbeiterorientierte Zielvereinbarungen, 2003, S. 10f..

ges Element an und meinen, dass erst durch Zielvereinbarungsgespräche ausreichende Transparenz geschaffen werden kann.[298] Erst durch die Einführung des eben erwähnten Systems wäre Objektivität gewährleistet. Das von Kaplan initiierte System der Balanced Scorecard, welches die vier Perspektiven: Finanzen, Kunden, Prozesse und Innovationen/ Bildung einer Organisation beleuchtet, bedient sich oftmals zur Umsetzung des Elements der Zielvereinbarung.[299] Hingegen ist das bisherige Beurteilungssystem unter dem Begriff „Nasensystem" bekannt.

Kern von Zielvereinbarungen sind Ziele, welche ein Ereignis oder eine Absicht markieren.[300] Definiert werden sie u. a. durch die globalen Absichten einer jeden Kommunalverwaltung und durch die Aufgaben, die der einzelne Beschäftigte wahrzunehmen hat.[301] Auf jedem Niveau in einer Organisation müssen dabei Ziele niveauspezifisch festgestellt werden. Ziele sollten nicht bürokratisch verordnet werden, sondern in einem partnerschaftlichen Zielvereinbarungsgespräch entstehen. Hierbei ist u. a. eine Diskriminierungsvermeidung leistungsgeminderter Mitarbeiter (z. B. Behinderter) von Bedeutung. Nur bei gemeinsam erarbeiteten Zielen zwischen unmittelbarem Vorgesetzten und Mitarbeiter ist die Wahrscheinlichkeit hoch, dass auch der Grad der Zielerreichung exorbitant ist.[302] Die folgende Abbildung stellt ein Schema für die Zielfestlegung und Zielerreichungsüberprüfung dar.

---

298 Vgl. Wind, F.; Schimana, R.; Wichmann, M., Öffentliches Dienstrecht, 1998, S. 336.

299 Vgl. Lurse, K.; Stockhausen, A., Manager und Mitarbeiter brauchen Ziele, 2001, S.45f. und vgl. Tondorf, K., Leistungszulagen als Reforminstrument, 1997, S. 12.

300 Vgl. Schuster, F., Einführung in die Betriebswirtschaftslehre der Kommunalverwaltung, 2001, S. 39 und vgl. Bundesinnenministerium, Praxisempfehlungen des Innern für die Erstellung und den Abschluss von Zielvereinbarungen, 2001, S. 3.

301 Vgl. Kunz, G., Ziele partnerschaftliche vereinbaren-ein Weg zum Erfolg, 1999, S. 80, 88; vgl. Bertelsmannstiftung; Hans-Böckler-Stiftung und KGSt, Mitarbeiterorientierte Zielvereinbarungen, 2003, S. 18 und vgl. Lurse, K.; Stockhausen, A., Manager und Mitarbeiter brauchen Ziele, 2001, S. 6.

302 Vgl. Schröder, G. A., Möglichkeiten und Grenzen von Anreizsystemen, 1993, S. 330; vgl. Busse, B., Leistungserfassung als Grundlage leistungsorientierter Entlohnung, 2000, S. 279; vgl. Bundesinnenministerium, Praxisempfehlungen des Innern für die Erstellung und den Abschluss von Zielvereinbarungen, 2001, S. 5; vgl. Rau, T., Betriebswirtschaftslehre für Städte und Gemeinden, 1994, S. 259f.; vgl., Pippke, W., Zielvereinbarungen, 1997, S. 292f.; vgl. Lurse, K.; Stockhausen, A., Manager und Mitarbeiter brauchen Ziele, 2001, S. 3.; vgl. Ferguson, I., Management by Objectives, 1973, S. 45 und vgl. Müller, M., Anreiz durch Nasenprämien?, 1999, S.27 sowie vgl. Bahnmüller, R., Trends betrieblicher Entgelt- und Leistungsregulierung, 1999, S. 20.

Abbildung 5: Zielvereinbarungen

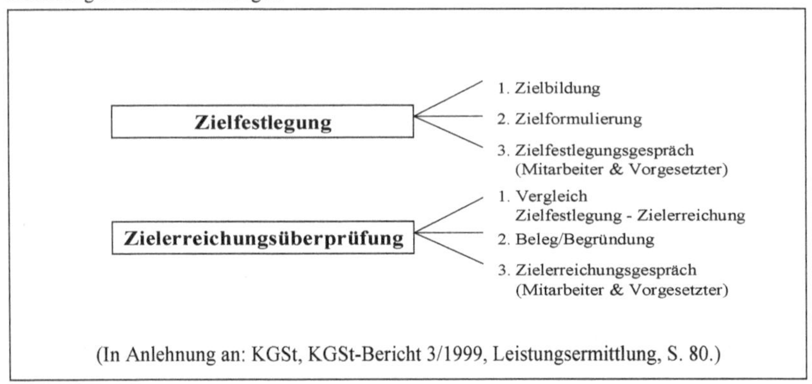

(In Anlehnung an: KGSt, KGSt-Bericht 3/1999, Leistungsermittlung, S. 80.)

Vorgesetzten sollte dabei die Rolle des Mentors zukommen, welche den Mitarbeiter im Sinne der Kommunalverwaltung unterstützend beeinflussen. Der Schwerpunkt der reinen Zielerreichungsbeurteilung geht damit über zum mitarbeiterorientierten Führungsstil. Wichtig ist bei der Festlegung von Zielen, dass diese transparent, spezifisch, herausfordernd und während des Umsetzungsprozesses stets beeinflussbar sind.[303] Werden diese Hinweise nicht berücksichtigt, wie dies in der Verwaltung oft der Fall sein kann, stößt MbO an seine Grenzen. Ziele sollten bewusst kurzfristig gewählt werden. Eine Überbetonung an quantitativen Zielen sollte genauso vermieden werden wie eine Willkürlichkeit von qualitativen Zielen. Von großer Bedeutung bleibt die Messbarkeit von Zielen.[304] Der Zielbegriff sollte in der Zukunft der unter Berücksichtigung von Zeit, Personal-, Sach- und Finanzmitteln messbare angestrebte Zustand sein. Zurechnungsproblematiken müssen gemeinsam von Vorgesetztem und Mitarbeiter ausgeräumt werden.

Jede Zielvereinbarung sollte die Beschreibung der jeweiligen Ziele, konkrete Termine wie auch Zwischentermine für Teilzielerreichung[305], Benennung der verantwortli-

---

[303] Vgl. Steinort, U., Leistungsabhängige Bezahlung aus Sicht der Gewerkschaft ötv, 2001, S. 19 und vgl. Hoefert, H.-W.; Reichard, C., Leistungsprinzip und Leistungsverhalten im öffentlichen Dienst, 1979, S. 85.

[304] Vgl., Pippke, W., Zielvereinbarungen, 1997, S. 290.

[305] Auch unter dem Begriff Meilensteine bekannt. In diesem Zusammenhang sollten auch die unter dem Namen bekannten „Meilensteingespräche“ absolviert werden. Sprich es werden innerhalb der Frist Untersuchungen angestellt, inwiefern Ziele erreichbar sind, bereits erreicht wurden

chen Mitarbeiter, Aufzählung der dafür vorhandenen Ressourcen und die Konsequenzen aus schuldhaften Zielverfehlungen enthalten.[306] Dies kann u. a. bedeuten, dass vorab auf eine Nichtzahlung der Prämie bei Nichtzielerreichen hingewiesen wird. Zielvereinbarungen sollten regelmäßig analysiert und durch planmäßige Anpassungsmaßnahmen weiterentwickelt werden, so dass Lerneffekte systematisch in Verhaltens-, Ausbildungs- und Fortbildungsänderungen umgesetzt werden. Damit Zielvereinbarungen nicht zur lästigen bürokratischen Pflicht werden, müssten sie integraler Bestandteil einer neuen Behördensteuerung werden. Das Instrument der Zielvereinbarung ist effektiv, wenn es untrennbar mit der Delegation von Aufgaben, Zuständigkeiten, Unterschriftsbefugnissen und Verantwortung auf nachgeordnete Stellen verbunden wird. Bei Anwendung dieses Systems kann eine höhere Mitarbeitermotivation realisiert werden, die gleichzeitig zu erhöhtem Verantwortungsbewusstsein[307], Selbstverpflichtung des Mitarbeiters, Mobilisierung der Leistungsreserven,[308] eigenverantwortlichem Handeln, Selbstverwirklichung, geringerem Absentismus, einer Reduzierung der Fluktuation, höherem Commitment und Engagement führt. Indirekte Ziele, die im Prozess der Zielvereinbarung vereinbart werden können, sind u. a. die Identifikation des Mitarbeiters mit seiner Aufgabe bzw. ein Kontrollrückzug durch den Arbeitgeber.

Nach Zielerreichung, oder gegebenenfalls auch nicht Zielerreichung, sind Feedbackgespräche nötig. In der Regel sollten diese Gespräche jährlich stattfinden sowie ein Gespräch auf der Hälfte der vereinbarten Zeit, damit evt. Schwächen bereits festgestellt und noch behoben werden können.[309] Der Schritt der Ergebnisbewertung ist die Basis für eine anschließende Leistungsbeurteilung. Daher sollte der Zielerreichungs-

---

oder nicht erreicht werden können. Vgl. hierzu Lurse, K.; Stockhausen, A., Manager und Mitarbeiter brauchen Ziele, 2001, S. 7.

[306] Vgl. Ferguson, I., Management by Objectives, 1973, S. 16; vgl., Pippke, W., Zielvereinbarungen, 1997, S. 290 und vgl. Lurse, K.; Stockhausen, A., Manager und Mitarbeiter brauchen Ziele, 2001, S. 12f., 25 sowie 19f. sowie Interview mit Dr. Adolf Cramer, Unternehmensberater bei Convert GmbH, 14.01.2004..

[307] Vgl. Lurse, K.; Stockhausen, A., Manager und Mitarbeiter brauchen Ziele, 2001, S. 7 und 176f. und vgl. Bundesinnenministerium, Praxisempfehlungen des Innern für die Erstellung und den Abschluss von Zielvereinbarungen, 2001, S. 2f..

[308] Vgl., Pippke, W., Zielvereinbarungen, 1997, S. 290.

grad sowie Punkte, die zu dieser Beeinflussung geführt haben, festgehalten werden und im gemeinsamen Gespräch noch einmal erläutert werden. Denn erst die kollektive Ursachenanalyse verhilft zu einer gerechten Wertung der Ergebnisse.[310]

Jedoch muss zur Gewährleistung von Objektivität in der Kommunalverwaltung ein Controllingsystem[311] eingeführt werden, dass die Zielerreichung überprüfen kann. Kommunalverwaltungen sind von ihrer politischen Umwelt abhängig; somit sind anvisierte Ziele von denen der Privatwirtschaft different. Die Kommunalverwaltung hat als Sachziel die Erfüllung ihrer an sie übertragenen und freiwilligen Aufgaben. Das Formalziel der Kommunalverwaltung ist hierbei die Beachtung der wirtschaftlichen Mittelverwendung.[312] Auf diese Weise sind Zielfindungen und -festlegungen nicht allein Sache der Verwaltungsmitarbeiter. Das in Art 20 GG festgeschriebene Rechtsstaatsprinzip macht deutlich, dass öffentlichen Zielen Vorrang vor persönlichen Zielen gewährt werden muss. Außerdem ist bedenklich, dass dargelegte monetäre Leistungsanreize in der Kommunalverwaltung kaum Sanktionsmechanismen innehaben, was darauf hinweist, dass bei Nichterreichen von Zielen in der beamtenrechtlich strukturierten Verwaltung kaum negative Folgen für den einzelnen Mitarbeiter erwachsen. Damit wird das System der objektiven Leistungsfestlegung und Leistungsbewertung von vornherein nur in eingeschränkter Weise seinen Sinn erfüllen können. Trotzdem kann festgestellt werden, dass das System der Zielvereinbarungen grundsätzlich überwiegend Vorteile bringt. Die Nachteile des erhöhten Zeitaufwands, des Gefühls von Aufdiktierung und z. T. der Bürokratiezuwachs[313] wird durch die Vorteile der Objektivität und klaren Kontrollmöglichkeiten überschritten.

---

[309] Vgl. Ferguson, I., Management by Objectives, 1973, S. 54f.; vgl. Kunz, G., Ziele partnerschaftlich vereinbaren-ein Weg zum Erfolg, 1999, S. 83 und vgl. Lurse, K.; Stockhausen, A., Manager und Mitarbeiter brauchen Ziele, 2001, S. 11, 20f. sowie 59.

[310] Vgl. Lurse, K.; Stockhausen, A., Manager und Mitarbeiter brauchen Ziele, 2001, S. 69ff..

[311] Vgl. Landesregierung des Landes NRW, Bericht der Regierungskommission, 2003, S.113.

[312] Vgl. Schuster, F., Einführung der Betriebswirtschaftslehre in der Kommunalverwaltung, 2001, S. 49f. und vgl. Pippke, W., Zielvereinbarungen, 1997, S. 292f..

[313] Vgl. Kunz, G., Ziele partnerschaftlich vereinbaren-ein Weg zum Erfolg, 1999, S. 83; vgl. KGSt-Bericht 3/1999, Leistungsermittlung, S. 72f. und vgl. Lurse, K.; Stockhausen, A., Manager und Mitarbeiter brauchen Ziele, 2001, S. 4f.

5.6 Kostenneutrale Leistungshonorierung

Die Aufgabenerfüllung der Kommunen hängt, wie auch die der Bundesländer und des Bundes, stark von der Einnahmesituation ab. „Formal sind die verschiedenen Staatsebenen finanziell selbstständig und unabhängig."[314] Alle Gebietskörperschaften stellen eigene Haushaltspläne auf, in denen u. a. Ausgaben und Einnahmen festgehalten werden.[315] Die Haupteinnahme bei Bund und Ländern sind Steuern. Bei Kommunen sind es Finanzzuweisungen von Bund, Ländern und z. T. auch der Europäischen Gemeinschaft, Gebühren, Beiträge, Steuern und für Investitionen auch Kredite zu nennen.[316] Gerade in den Gemeinden hat sich jedoch ein Einnahmemangel in den letzten Jahren deutlich abgezeichnet.[317] Der prozentuale Anteil der Personalausgaben an den Gesamtausgaben in Kommunen hat sich von 1970 bis 2000 nur geringfügig verändert und liegt bei ungefähr 27%.[318] Damit bewirtschaften Kommunen 73% ihres Verwaltungs- und den gesamten Vermögenshaushalt mit nur 27% des Verwaltungshaushaltes.[319] In der Kommunalverwaltung herrscht noch immer weitestgehend das System der Kameralistik, der einseitigen Buchführung, vor. Hingegen wird sich flächendeckend um die Einführung der Doppik, der doppelten Buchführung, bemüht.[320]

---

[314] Scherf, W.; Hofmann, K., Kommunalpolitik in den Deutschen Ländern, 2003, S. 313.

[315] Vgl. Scherf, W.; Hofmann, K., Kommunalpolitik in den Deutschen Ländern, 2003, S. 313.

[316] Vgl. Schuster, F., Einführung in die Betriebswirtschaftslehre der Kommunalverwaltung, 2001, S. 177ff.

[317] Vgl. Andersen, U.; Woyke, W., Handwörterbuch des politischen Systems Deutschlands, 1997, S. 176; vgl. Hopp, H.; Göbel, A., Management in der öffentlichen Verwaltung, 1999, S. 23; vgl. Karrenberg,H.; Münstermann, E., Kommunale Finanzen, 1998, S. 439ff.; vgl. Karrenberg, H.; Münstermann, E., Kommunale Finanzen, 1998, S. 439 und vgl. Schreiben des Bundesinnenministeriums an den Senator für Finanzen Bremen, 04.11.1994, S. 4.

[318] Vgl. BMI, Der öffentliche Dienst in Deutschland, 2002, S. 148f. und vgl. Reichard, C., Umdenken im Rathaus, 1995, S. 20.

[319] Vgl. Baganz, econopolis GmbH, Düsseldorf, Präsentationsfolien zum Vortrag: Die Entdeckung der Verantwortung in der öffentlichen Verwaltung: Was Gesetze und Tarifverträge heute schon erlauben, auf: WirtschaftsWoche Jahrestagung mit dem Thema „Neustart Kommune", Berlin, 28.04.2004, Folie 4; vgl. Lüder, K., Konzeptionelle Grundlagen des Neuen Kommunalen Haushaltswesens, 1997, S. 4f. und vgl. Karrenberg, H.; Münstermann, E., Kommunale Finanzen, 1998, S. 437f..

[320] Vgl. Rau, T., Betriebswirtschaftslehre für Städte und Gemeinden, 1994, S. 287f. u. 305 ff und vgl. Hopp, H.; Göbel, A., Management in der öffentlichen Verwaltung, 1999, S. 20.

Mit der Dienstrechtsreform von 1997 und auch anderen Leistungsoptimierungsmöglichkeiten sollten Verbesserungen der Tätigkeiten im öffentlichen Dienst sowie mannigfache Einsparmöglichkeiten insbesondere im Personalbereich geschaffen werden. Gerade in Kommunalverwaltungen, deren finanzielle Spielräume in den letzten Jahren sehr verringert wurden, sind weitere Sparpotentiale[321], die auch noch mit Leistungssteigerungen verbunden sein sollten, positiv angenommen worden.

Einsparmöglichkeiten, wie sie durch das grundsätzlich spätere Erreichen der höchsten Dienstaltersstufe und ähnliche Mittel der Personalplanung deutlich werden, zeigen, dass sie mit finanziellen Leistungsanreizen wenig gemein haben.[322] Gerade § 42a III Satz 1 BBesG offenbart in diesem Zusammenhang, dass Leistungsprämien und Leistungszulagen nur im Rahmen von haushaltsrechtlichen Regelungen gewährt werden können. Diese Aussage ist eindeutig, da nur eine Anreizgewährung erfolgt, wenn Kostenneutralität gewährleistet ist.[323] Vorab geleistete Dienstleistungen und höhere Einnahmen sind somit die unabdingbare Bedingung für die Auszahlung von Prämien, Zulagen und ähnlichem gemäß § 42a III Satz 1 BBesG. Laut dem Erfahrungsbericht zur Dienstrechtsreform können die neu geschaffenen Leistungs-entgeltelemente u. a. über den Umbau der Grundgehaltstabelle und weitere Maßnahmen finanziert werden.[324] Allerdings sind grundsätzlich Leistungs- und Prämienzahlungen nur umsetzbar, wenn Hauhaltsmittel im Personalbudget veranschlagt sind. Hierbei erhalten die Vergabeberechtigten idealerweise zum Anfang des Jahres ein Vergabebudget und eine Anzahl an Personen, die bei Höchstleistungen durch Prämien, Zulagen und Stufenaufstieg u. ä. honoriert werden kann. Grundsätzlich gilt der 1. Januar als Berechnungsgrundlage. Folgende Wege zeigen, wie die benötigten Haushaltsmittel zu erwirtschaften sind:

Die Verteilung der vorhandenen Arbeit auf weniger Mitarbeiter mit der Absicht ein paar der vorhandenen Stellen zu streichen, ist eine Möglichkeit, die benötigten Haushaltsmittel einzusparen. Dann gibt es die Möglichkeit des Verzichts zur Besetzung oder Verzögerung zur Besetzung freier Stellen (Planstellen oder Stellen), Stellen-

---

[321] Vgl. Bundesanstalt für Arbeit, Einsparungen im Personalbereich, 2004, S. 58f..
[322] Vgl. Lechler, H., Reform oder Deformation?, 1997, S. 206ff.
[323] Vgl. Bönders, T., Leistungselemente in der Besoldung – Anreiz oder Flop?, S. 19.
[324] Vgl. Bundesinnenministerium, Erfahrungsbericht zur Dienstrechtsreform, 14.06.2001, S. 18.

nichtbesetzung, solange dies Grund von Produktivitätssteigerungen ist.[325] Bei Veränderungen im Personalbestand entstehen ebenfalls Spielräume, d. h. ein älterer Beamter scheidet bspw. mit Lebensalter 60 und einer Besoldungsgruppe A 13 aus und ein jüngerer Mitarbeiter mit Lebensalter 30 und einer Besoldungsgruppe A 10 beginnt. Somit sind bis zu 20% des Budgets einer Person erwirtschaftbar. Oder auch bei Altersteilzeitmodellen, indem ein Arbeitnehmer normal weiterarbeitet, jedoch den Arbeitgeber nur noch mit 70% seiner bisherigen Bezüge belastet. Netto erhalten diese Beschäftigten ca. 83% des letzten Nettoentgeltes.[326] Auch hier werden Spielräume für Leistungszulagen u. ä. deutlich. Des Weiteren gibt es die Vermeidung von Stellenvertretungen. Anreize werden für besonders gute und schnelle Tätigkeit gezahlt. Damit werden zusätzliche Einstellungen nicht nötig, da das eigene Personal die gegebene Arbeit bewältigt. Haushaltsmittel für die Zahlung von Leistungsprämien u. ä. sind aber auch über sonstige Personalausgaben, wie nebenamtliche Vergütungen, finanzierbar.[327] Bleiben am Jahresende oder absehbar im Verlauf eines Jahres hier Mittel ungenutzt, wären sie eine Möglichkeit.[328] Die interne Finanzierung von Zulagen und Prämien ist jedoch auch über die generelle Kostensenkung möglich. Beispielsweise der Ressourcen sparende Umgang mit Energie kann zu Mitteleinsparungen führen, welche dann zu einem Anteil wieder an die Mitarbeiter über Anreize ausgeschüttet werden können. Möglich sind ebenfalls Prämienzahlungen für besonders gute Ideen, die zu grundsätzlichen Mitteleinsparungen, u. a. bei Sachkosten, führen, auszuschütten. Auch Einnahmeerhöhungen gemäß § 7 Haushaltsgrundsätzegesetz (HGrG) können als Finanzierungsart genutzt werden.[329] Schaffen es die Beschäftigten, den Haushalt mit Mehreinnahmen zu verbessern, sollte auch hiervon ein bestimmter Prozent-

---

[325] Vgl. KGSt-Bericht 3/1999, Leistungsermittlung, S. 109 und vgl. Bundesinnenministerium, Erfahrungsbericht zur Dienstrechtsreform, 14.06.2001, S. 38ff. Das Personal in deutschen Kommunalverwaltungen wird nicht nach verfügbaren Hauhaltsmitteln, sondern nach Planstellen und Stellen bewirtschaftet. Jede Vollzeitstelle entspricht gemäß § 17 BHO bei Beamten einer Planstelle und gemäß § 17 VI BHO bei Angestellten einer Stelle.

[326] Gemäß KGSt, Ergänzungen zum KGSt-Bericht 7/2003, Kosten eines Arbeitsplatzes, 2003, S. 25 fallen Kosten in Höhe von 66100Euro für eine A13-Planstelle im Verwaltungsdienst an und für eine Planstelle A10 44700 Euro. Interview mit Claus Suhling, Freie Hansestadt Bremen, Referent im Personalcontrolling beim Senator für Finanzen Bremen, 25.05.2004.

[327] Die Haushaltsgesetze 2004/2005 haben die Beihilfemittel zweckgebunden.

[328] Interview mit Claus Suhling, Freie Hansestadt Bremen, Referent im Personalcontrolling beim Senator für Finanzen Bremen, 25.05.2004.

[329] Vgl. KGSt-Bericht 3/1999, Leistungsermittlung, S. 109.

satz in Form von Leistungszulagen und Leistungsprämien an sie ausgeschüttet werden. Ein markantes Beispiel hierfür wäre die Verkehrsüberwachung oder das generelle Eintreiben von Steuern u. ä.[330] Bei allen Möglichkeiten der Finanzierung von Leistungsprämien u. ä. muss jedoch immer gewährleistet sein, dass bestehende technische Standards oder auch Arbeitsschutzvorschriften eingehalten werden.

Wichtig ist momentan bei der Mittelbewirtschaftung, dass die Grundsätze „Wirtschaftlichkeit und Sparsamkeit" gemäß § 6 HGrG und § 7 Bundeshaushaltsordnung (BHO), „Gesamtdeckung"[331] gemäß § 7 HGrG und § 8 BHO sowie „Haushaltsausgleich" gemäß Art. 110 I Satz 2 GG konsequent angewandt werden.[332] Nach dem Grundsatz der Wirtschaftlichkeit und Sparsamkeit ist es die Aufgabe eines jeden Ressorts gemäß § 34 II Satz 1 und III BHO Ausgaben bzw. Verpflichtungsermächtigungen nur auszuführen, wenn sie der wirtschaftlichen und sparsamen Verwaltung dienen. Das heißt Ausgaben unterliegen der Prüfung, ob Grund und Höhe sachlich und zu dem angestrebten Zeitpunkt notwendig sind. Des Weiteren sind gemäß § 34 II Satz 2 und III BHO Haushaltsmittel zur Deckung aller gemäß §§ 37 I, 38 I Satz 2 BHO vermieden werden.[333] Arbeitet eine Kommunalverwaltung nach dem NSM und wendet dementsprechend Budgetierung an, taucht das Problem der Mehreinnahmenverwendung auf. Es kann festgelegt werden, dass es ganz bzw. in gewissen Prozentsätzen für Maßnahmen bereitsteht oder aber dass es ins nächste Jahr übertragen wird. Jedoch steht nicht fest, dass die Abteilung die Mehreinnahmen erwirtschaftet hat, sie auch wirklich für ihre Zwecke ausgeben kann oder sie gemäß § 15 I HGrG im nächsten Jahr wieder zur Verfügung hat. Momentan ist eine komplette Verschlankung im öffentlichen Dienst sichtbar. Bei insgesamt sinkenden Budgets in Kommunalverwaltungen stellt sich die Frage, wie trotz der aufgezeigten Haushaltsmittelgewinnungswege Gelder für Leistungshonorierungen bereitgestellt werden können.

Krauss-Hoffmann macht dabei noch mal deutlich, dass in der Praxis Personalabbau durch die Nichtbesetzung von frei gewordenen Stellen offen protegiert wird und nicht unbedingt das Ziel der Leistungshonorierung an erster Stelle steht. Damit wird für die

---

[330] Vgl. Tondorf, K., Leistungszulagen als Reforminstrument, 1997, S.20f. und vgl. KGSt-Bericht 3/1999, Leistungsermittlung, S. 109.

[331] Vgl. Rau, T., Betriebswirtschaftslehre für Städte und Gemeinden, 1994, S. 514.

[332] Vgl. Bundesministerium der Finanzen, Das System der Öffentlichen Haushalte, 2001, S. 8f..

[333] Vgl. Bundesministerium der Finanzen, Das System der Öffentlichen Haushalte, 2001, S. 30.

noch tätigen Mitarbeiter eine erhöhte Arbeitsbelastung deutlich, welche monetäre Anreize für sie in noch größere Ferne rückt.[334]

Hierbei wird wiederum deutlich, dass viele Kommunalverwaltungen das Prinzip des NSM sowie anderer Reformen nicht konsequent verfolgen, denn mit kurzfristiger Zielerreichung rücken um so häufiger langfristige Ziele, bspw. die erhöhte Wettbewerbsfähigkeit und erhöhte Produktivität der Mitarbeiter, in große Ferne. Die Überbelastung von Mitarbeitern wird zwangsläufig keine gesamte Leistungssteigerung zur Folge haben. Erst wenn diese Erkenntnis sich flächendeckend durchsetzt, wird auch gegen diese momentan gängige Praxis nachhaltig angegangen.

---

[334] Vgl. Schreiben des Bundesinnenministeriums an den Senator für Finanzen Bremen, 04.11.1994, S. 4 und vgl. Krauss-Hoffmann, P., Monetäre Leistungsanreize im Öffentl. Sektor, 2002, Kapitel 06.16, S.16.

6 Schlussbetrachtung

Kommunalverwaltungen stehen verschiedensten Problemen gegenüber. Die Anpassung an gegebene Marktverhältnisse betrifft daher auch Führungskräfte des öffentlichen Dienstes, weil Systeme der freien Wirtschaft oftmals in Kommunalverwaltungen umgesetzt werden. Eine fehlerfreie Übertragung 1 zu 1 ist aufgrund unterschiedlicher Strukturen flächendeckend nicht möglich. Die Bewältigung dieser Probleme darf die Qualität der Leistungen für den Bürger jedoch nicht mindern. Da die Kommunalverwaltung als Gebietskörperschaft unmittelbar für den Bürger zuständig ist, müssen deren Leistungen qualitativ hochwertig und transparent sein. Daher muss der einzelne Mitarbeiter Verantwortung für seine Tätigkeiten übernehmen. Jedoch sind viele nicht bereit, eigenverantwortlich zu handeln. Es wurde eine Befehlsempfängermentalität entwickelt.

Führungskompetenzen von Mitarbeitern mit Personalverantwortung sind nur unzureichend vorhanden bzw. nicht genügend geschult. Ein Wandel kann von einer grundsätzlichen Leistungsorientierung unterstützt werden. Verbesserungen in Kommunalverwaltungen können die inländische Wirtschaft, ausländische Investitionen und das Vertrauen des Bürgers stärken. Gute Kommunalverwaltungsleistungen müssen daher in Anlehnung an die Elemente des NSM verantwortungsbewusst und transparent erbracht werden. Denn diese stellen ideale Grundlagen für weitreichende Reformen in Besoldung und Vergütung dar. Gerade die Kommunen beschäftigen sich mit dem Thema gleicher Leistungshonorierung für alle Mitarbeiterbereiche (Beamte, Angestellte und Arbeiter).[335] Umsetzungen der Dienstrechtsreform von 1997, die einer verstärkten Leistungsorientierung dienen, sind ein Zeichen dafür, dass Kommunalverwaltungen ihre Mitarbeiter als Humankapital entdeckt haben. Die Einführung von § 27 und § 42a BBesG zeigt positive Ansätze. Allerdings ist festzustellen, dass Spezifizierungen, die für deren Umsetzung dringend nötig wären, wie die Reformierung des Beurteilungswesens, völlig außer Acht gelassen wurden. Daher verwundert es nicht, dass bisher weder durch Literaturrecherche noch durch die Prüfung von Umsetzungsbeispielen eine flächendeckende Implementierung von finanziellen Lei-

[335] Vgl. Adamschek, B., Innovative Vergütungssysteme in der öffentlichen Verwaltung, 2001, S. 7ff..

stungsansätzen in Besoldung und Vergütung in Kommunalverwaltungen erfolgte. Demzufolge stellt sich die Frage, ob das bedingte Umsetzen von Leistungsreformen an rechtlichen Gegebenheiten, anderen Rahmenbedingungen oder an der Einstellung von Beschäftigten wie Vorgesetzten scheitert.

Nach wie vor gibt es in Kommunalverwaltungen einen allgemeinen Mangel an Leistungsanreizen, da der Vergütungs- und Besoldungsrahmen streng durch die jeweilige Gruppierung gesetzt ist. Die bisherigen Anreize, lebenslange Anstellung oder/ und soziale Absicherung, sind allein nicht geeignet, sehr gut qualifizierte Mitarbeiter zu finden. Diese durch finanzielle Aspekte an Kommunalverwaltungen zu binden, wird offensichtlich immer schwerer. Das grundsätzlich vorhandene Gefühl der Unterbezahlung im öffentlichen Dienst ist gemäß Evaluierungen bei 2/3 der jüngeren Mitarbeiter und der Hälfte der älteren Mitarbeiter vorhanden.[336] Zusätzlich werden monetäre Anreize unter Umständen durch das Besteuerungssystem, z. B. Steuerprogression, wieder nivelliert. Die in Kommunalverwaltungen mittlerweile in großer Menge vorhandenen verschiedenen Zulagen bringen schnell das Gefühl von Selbstverständlichkeit. Der angestrebte Effekt, der mit Leistungszulagen u. ä. einhergehen soll, kann daher nur in abgeschwächter Form Wirkung entfalten. Obwohl mit Hilfe von Leistungszulagen und -prämiensystemen individuelle Einkommenserhöhungen nur für einen Teil der Mitarbeiter in Kommunalverwaltungen erreichbar sind, wird das starre Entgeltsystem aufgelockert. Ideal wäre es, wenn für alle Beschäftigten in Kommunalverwaltungen ein Grundentgelt, welches tariflich geregelt ist, in Verbindung mit einem auf individueller Beurteilung fußenden, mitarbeiterbezogenen Betrag und zusätzlich noch einer Gruppenprämie (ggf. nach Menge oder anderen Faktoren) gezahlt werden würde. Entgeltsysteme sind traditionell Regelungen, die zwischen Sozialpartnern vereinbart werden. In diesem Zusammenhang wäre die Umwandlung fester und kollektiver Entgeltbestandteile, wie z. B. des Weihnachtsgeldes oder Urlaubsgeldes, in von der Leistung abhängige Einkommensbestandteile ein positiver Vorstoß. Damit ist deutlich, dass hier ein enormer Handlungsbedarf gegeben ist, der wahrscheinlich erst in weiter Ferne zu zufriedenstellenden Ergebnissen führen wird. Um die Belegschaft vom Erfolg der variablen Entgeltbestandteile zu überzeugen, ist eine Einführung von Leistungsentgelten unter Wahlrechten anzuraten. Durch die bereits durchgeführten Leistungsreformen ist grundsätzlich von einer größeren Einkommensgerech-

---

[336] Vgl. Tondorf, K., Leistungszulagen als Reforminstrument, 1997, S. 22f. und 37f..

tigkeit auszugehen, obwohl nicht der gesamte Personalkörper bspw. durch § 42a und § 27 BBesG eine Einkommenserhöhung erzielen kann. Allerdings sollten Quotierungsbeispiele, wie in Großbritannien mit 25%, Denkansätze geben. Bis zu einem Viertel an honorierten Mitarbeitern hätte folglich auch mehr Motivationspotential als maximal 15% der Beschäftigten in Kommunalverwaltungen Deutschlands. Die hauptsächliche Einschränkung auf den mittleren und gehobenen Dienst und das wenige Einbeziehen des höheren Dienstes sowie des einfachen Dienstes sollten ebenfalls überdacht werden. Insgesamt kann bei der Möglichkeit der einseitigen Regelung durch den Gesetzgeber bei Beamten eine vermehrte Implementierung erkannt werden.[337] Den Umfang von Leistungshonorierungselementen empfindet ein Teil der Beschäftigten, wie auch die Tatsache, dass Leistungsstarke oftmals nicht honoriert werden, als Nachteil.[338] Außerdem sind Leistungsstufen gemäß § 27 BBesG kein flexibles Instrument des Personalmanagements, da es auf Dauer angelegt ist. Dieses Instrument ist für alle Beamten (unabhängig von ihrem Ressort) mit einem einheitlichen Leistungsbeurteilungssystem vereinbar. Damit wäre aber ein erheblicher Verwaltungsaufwand unabwendbar. Bleibt die Frage, ob danach das Verhältnis von Aufwand zu Leistung immer noch stimmt. Auch § 42a BBesG hat nicht nur positive Folgen. Die Identifikation mit der Arbeit und dem Arbeitgeber lässt sich laut Tondorf auch durch Leistungszulagen u. ä. nicht steigern, da das eher als Entschädigung für harte Arbeit aufgefasst wird.[339] Trotzdem kann die Schlussfolgerung gezogen werden, dass breite Akzeptanz und höhere Motivation in den Reihen der Beschäftigten und Vorgesetzten durch das Element der leistungsorientierten Besoldung und Vergütung vorhanden sind.

Jedoch müssen als mit den Reformen der Besoldungs- und Vergütungsentwicklung einhergehende Elemente, wie die schlechte Informationsdichte und Kommunikation mit und gegenüber den Mitarbeitern, negativ angeführt werden. Die Mehrzahl der Kommunalverwaltungsmitarbeiter ist unzureichend oder sogar gar nicht von ihrer Verwaltung informiert, was mit einen Grund für ihre Nichtbegünstigung und für Akzeptanzprobleme darstellt. Als wichtiger Hinweis muss daher für alle Beteiligten gelten, dass Erfolg nur dann erreicht werden kann, wenn weitgehend Einigkeit über

---

[337] Vgl. Barthel, T., Prämiensysteme in Kommunalverwaltungen, 08/2004, S. 5,9.

[338] Vgl. Bundesinnenministerium, Erfahrungsbericht zur Dienstrechtsreform, 14.06.2001, S. 23f..

[339] Vgl. Tondorf, K., Leistungszulagen als Reforminstrument, 1997, S. 17.

bevorstehende und umzusetzende Systeme herrscht. Ansonsten ist die Gefahr der Demotivierung eines Großteils der Beschäftigten erheblich. Die Angst vor Einkommensverlusten, insbesondere die der älteren Mitarbeiter, wird durch Informationslükken zusätzlich verstärkt. Darüber hinaus haben sie Befürchtungen bezüglich der Leistungssysteme, da sie aufgrund der körperlichen und geistigen Anstrengung mit Minderleistungen bzw. nur der Normalleistung ihrerseits rechnen. Zusätzlich beunruhigen sie die aufkommende Arbeitsverdichtung, verbunden mit Stresserhöhung, erhöhter Arbeitsbelastung, sowie der Verlust des individuellen Arbeitsstils.

Diese Ängste werden u. a. durch nicht allgemein gültige Beurteilungsanweisungen weiter vertieft. Durch das momentan existierende Beurteilungswesen wird zwar deutlich, dass die erbrachte Leistung noch nicht von so entscheidender Bedeutung wie oftmals in der Privatwirtschaft ist. Schlechtleistungen werden so gut wie gar nicht sanktioniert. Allerdings gibt dieses System positiven Beurteilungen bei Minderleistung kaum Einschränkungsmöglichkeiten. Dabei hilft die Einführung des § 27 BBesG nur bedingt in der Lösung des Problems weiter. Der Mangel an objektiven Vergabekriterien ist dabei eines der markanten Hindernisse. Wie im Abschnitt 5 erläutert, wurde das Fehlen von klaren Leistungskriterien in der Literatur wie auch in Implementierungsbeispielbefragungen moniert. Flächendeckende Einführungen und Umsetzungen von gemeinsam entwickelten Zielvereinbarungen bzw. Leistungszielen und einer Verwaltungsidentifikation können der Leistungshonorierung einen weiteren Schritt näher kommen. Aus Interviews ergab sich, dass die konkrete Definition von Leistungskriterien den Dienststellen überlassen blieb und daher des Öfteren Ratlosigkeit eintrat. Beurteilungssysteme und Prämiensysteme sollten aufeinander abgestimmt sein, weil ansonsten Leistungszulagen und –prämien wie auch Stufenaufstiege nicht objektiv und nicht nach vergleichbaren Maßstäben vergeben werden können. Wenn dies nicht verändert wird, hat es auch rechtliche Folgen. Die Verwaltungsgerichte könnten eine Vergleichbarkeit nach nachvollziehbaren Maßstäben vornehmen. Aber auch das laut Praxisbestätigungen erwähnte Quotierungsproblem kann als Grund für Neid und Missgunst neben dem Leistungsdefinierungs- und Feststellungsproblem wiederholt werden. Damit wird offensichtlich, dass verschiedene Probleme einer flächendeckenden Umsetzung von leistungsorientierter Besoldung und Vergütung in Kommunalverwaltungen entgegenstehen.

Ist ein objektives Leistungsdefinierungssystem geschaffen, muss unmittelbare Folge die umfassende Honorierung von Leistung sein. Jedoch bleibt noch immer das in verschiedenen Erhebungen wie auch durch Praxiserfahrungen bestätigte Problem, die Pflicht zur Kostenneutralität, für Personalmaßnahmen bestehen. Dieses stellt durchgeführten Umfragen gemäß einen der Hauptgründe für die nicht vorhandene Implementierung dar. Die an Betroffene, wie Mitarbeiter, Vorgesetzte oder Personalstellen-Referenten, übermittelte Botschaft sagt aus, dass nur eine erzielte Kostenverringerung bzw. Einnahmeerhöhung eine Leistungsausschüttung auf der anderen Seite rechtfertige. Eine gerechte Verteilung der durch Leistungsanreize eingesparten Kosten bzw. erhöhten Einnahmen ist unter Berücksichtigung aller Beschäftigungsgruppen einer Kommunalverwaltung (auch die der Arbeiter) möglich und vor allem auch nötig. Die mit Stufenverweilverkürzungen einhergehenden Leistungshonorierungen, Leistungsprämien und -zulagen in Kommunalverwaltungen stellen keine Pflichtausgaben dar. Mitarbeiterunsicherheit, ob für ihre erbrachten Leistungen zusätzliche Honorierungen erfolgen, stellt daher eine wesentliche Einschränkung des Systemerfolges dar und äußert sich dementsprechend auch in Motivations- und Leistungsabfall. Des Weiteren sollten Einzel- und Gruppenleistungen getrennt honoriert werden. Denn durch klare Zuordnung wird Solidarität gestärkt und Missgunst gemindert.

Besoldung und Vergütung in Kommunalverwaltungen wird in zunehmendem Maße vom Management als Führungsinstrument entdeckt. Schnelle Reformeinführungen, die z. T. nicht mit der breiten Befürwortung von Beschäftigten getätigt werden, richten eher Schaden an, als dass einseitig geplante Ziele erreicht werden können. Die hohen Anforderungen an die Implementierung von Änderungen in Besoldungs- bzw. Vergütungssystemen der Kommunalverwaltungen brauchen durchdachte Handlungsweisen unter Einbeziehung aller Beteiligten. Die alleinige Einführung von monetären Leistungsanreizen wird keine grundlegend leistungsfähigere Kommunalverwaltung schaffen. Mehr Unterstützung von Politik, Regierung und Bürgern wird nur möglich, wenn diese mit den Leistungen der Kommunalverwaltung zufrieden sind. Eine Voraussetzung dafür sind eindeutige Rahmensetzungen durch die Legislative. Bevor leistungsgerechte Besoldung und Vergütung in Kommunalverwaltungen flächendeckende Anwendung findet, muss erst ein leistungsgerechtes Umfeld von Arbeitsbedingungen geschaffen werden. Ein umfangreiches und voll funktionierendes EDV-System, welches allen Kommunalverwaltungsmitarbeitern den Umgang mit modernen Kommunikations-mitteln erlaubt, ist nur eine Voraussetzung. Aber auch das grundsätzliche Vorhandensein von sozialen Kompetenzen (z. B. Führungskompetenz) sowie dessen Schulung bei Vorgesetzten ist unerlässlich. Hinderlich im Arbeitsleben ist der noch immer bestehende Grundsatz der Besitzstandswahrung, auf den sich Mitarbeiter in Kommunalverwaltungen berufen können. Dadurch ist eine Umwandlung von fixen in variable Besoldungs- oder Vergütungsbestandteile sehr unwahrscheinlich. Wie die Position der Gewerkschaften dies auch immer wieder deutlich gemacht hat, ist von ihrer Seite auch keine Möglichkeit für einen Wandel gegeben. Als Orientierung kann daher der Ansatz in Privatunternehmen dienen. Dieser ist veränderlicher und bietet damit z. T. auch mehr Erfolgsmöglichkeiten, die auch in Kommunalverwaltungen von großer Bedeutung sein sollten. Wie die Schweiz es bereits erfolgreich vormacht, kann die Abschaffung des Beamtenstatuts mit Vorteilen für alle Kommunalverwaltungsmitarbeiter einhergehen. Eine Gleichsetzung von (jetzt noch) Beamten, Angestellten und Arbeitern verhinderte die momentan noch vorhandenen Reibungsverluste. Verschiedene Rechtsquellen für gleiche Arbeitsangelegenheiten werden ansonsten immer Neid, Missgunst und Misstrauen beinhalten. Außerdem ist eine zu hohe Regelungsdichte und Kompliziertheit, die auch in Zusammenhang mit den gemäß Art. 33 V GG bestehenden hergebrachten Grundsätzen des Beamtentums steht, unvereinbar mit den angestrebten Veränderungen. Im Tarifrecht sind Leistungsanreize in einem ähnlich geringen Rahmen wie im Beamtenrecht vorgesehen. Ein professionelles Personalmanagement, das Veränderungen in Organisationsstrukturen offen gegenübersteht, ist für eine Einführung von Leistungsaspekten in Beamten- wie Angestelltenbereichen daher unerlässlich. Das Abzielen auf Reformen im Sinne aller Beteiligten gleichermaßen ist daher für die Zukunft anzustreben.

Dafür ist jedoch bereits vor der Einführung von Personen in den öffentlichen Dienst eine auf klaren und detaillierten Anforderungs- und Kompetenzprofilen begründende Auswahl zu tätigen. Gegen bestehende Missstände in Kommunalveraltungen und insgesamt im öffentlichen Dienst wird angekämpft. Seit 1999 existiert, initiiert durch das Bundeskabinett, ein Bereich „Motivierte Beschäftigte“. Zwar ist der Fokus dabei auf die Bundesbeschäftigten gelegt, jedoch kann davon ausgegangen werden, dass positive Neuerungen auch bis zu Kommunalverwaltungen durchdringen werden.

Deutlich wird immer wieder, dass in Kommunalverwaltungen nach wie vor geringe Spielräume bei der Beeinflussung des Leistungsverhaltens der Beschäftigten gegeben sind. Möglichkeiten sind u. a. auch durch das System der Stellen- bzw. Dienstpostenbewertung, der Dienstalterszulagen, der Laufbahnbestimmungen als Weg nur in eine Richtung eingeschränkt. Dabei muss festgestellt werden, dass eine sinnvolle Leistungshonorierung im Gegensatz zu dem bei Beamten existierenden Alimentationsprinzip steht. Ein starres Laufbahnprinzip, das auch nicht durch das BesStrukG aufgelockert werden konnte und kann, verhindert es noch immer, dass besonders leistungsfähige Mitarbeiter in einem sinnvollen Umfang gefördert werden können. Damit im Falle von negativen Leistungsfeststellungen beim System der Zielvereinbarungen auch Wirkung in Form von negativen Konsequenzen dem Mitarbeiter gegenüber gezeigt werden können, sind potentielle Entgeltveränderungen notwendig. So lange aber kein objektives Beurteilungssystem, welches regelmäßig Anwendung findet, genutzt wird, werden Mitarbeiter negative Konsequenzen auch nicht akzeptieren. Die auf kommunaler Ebene bestehenden Insellösungen sind gute Ansätze. Solange diese jedoch nicht flächendeckend vorhanden sind, kann auch nicht im Ansatz von einem gerechten monetären Anreizsystem in Kommunalverwaltungen gesprochen werden. Bei aller Fokussierung auf finanzielle Anreize in Kommunalverwaltungen dürfen auch immaterielle Anreize, die in Kombination mit monetären Leistungshonorierungen erfolgen können, nicht vergessen werden. Denn u. a. eine Honorierung von Mehrarbeit ist momentan gesetzlich nicht möglich und eine Erhöhung der regulären Wochenarbeitszeit auf 42 Stunden ist absehbar. Daher sollten materielle Anreize nur in Verbindung mit immateriellen Anreizen ausgebracht werden, da eine stärkere Motivationswirkung als bei separater Art und Weise zu erwarten ist. Denn Mitarbeiter sind meist dann motiviert und erwirtschaften eine höhere Produktivität, wenn ihnen die Möglichkeit der Selbstverwirklichung, der Ideen- und Kenntniseinbringung gegeben wird sowie dafür finanzielle Belohnungen sichtbar werden. Unterstützt werden kann dies durch Anreize, wie Teilzeit, Gleitzeit, Jahresarbeitszeitkonten, selbstständige Gestaltung des Arbeitsplatzes, betriebsnahe oder betriebsinterne Kindergärten und darüber hinaus verpflichtende Anpassungsqualifizierungen.

Deutlich wird, dass in Kommunalverwaltungen Anreizsysteme insgesamt nicht ausgefeilt sind und es mehr oder weniger, z. T. ganz an ihnen fehlt. Außerdem ist zu sehen, dass oftmals nach sachfremden Kriterien, wie z. B. Alter, beurteilt wird. Eine Personalpolitik, die von den Mitarbeitern nicht als gerecht empfunden wird, sowie eine fehlende Transparenz führen zu Enttäuschung, Neid und Demotivation. Ein weiterer Grund der Leistungseinschränkung ist die kontinuierliche Reduzierung von durch Arbeitgeber gezahlte Sozialleistungen. Der Trend von Arbeitsunzufriedenheit ist daher deutlich erkennbar. Im Gegenzug ist eine Hinwendung zu erfolgs- und leistungsabhängigen Einkommensbestandteilen sichtbar. Meist sind damit eine Gefahr wie auch eine Chance für den Einzelnen verbunden. Interessant wird es für Mitarbeiter jedoch nur, wenn die Chance größer ist, mehr als 100% des bisherigen Einkommens zu erzielen. Auch in Kommunalverwaltungen ist sichtbar, dass eine Abkehr von Statusfinanzierung hin zu Wissens- und Kompetenzvergütung nötig wird.[340] Dieser Trend lässt sich in der Privatwirtschaft noch in deutlicherem Ausmaß verfolgen. Vergessen werden darf bei erfolgsorientierter Vergütung jedoch nicht, dass es immer erfolgreiche und erfolglose Mitarbeiter geben wird. Überhaupt ist festzustellen, dass die Solidargemeinschaft aller Arbeitnehmer im öffentlichen Dienst nicht mehr oder nur unzureichend vorhanden ist. Hier ist unbedingt gegenzusteuern. Alle Reformen, gleich welcher Art, können nur gelingen, wenn es ein gemeinsames Ziel und ein funktionierendes Miteinander gibt. Der Weg in die Vereinzelung ist daher dringend zu stoppen. Ob der Gewinn an produktiven Mitarbeitern die negativen Ergebnisse, die bereits bestanden bzw. durch Demotivierung entstehen, kompensieren kann, bleibt fraglich. Ein erfolgsabhängiges System kann wahrscheinlich nur erfolgreich sein, wenn die Faktoren, die zur Auszahlung führen, klar, nachvollziehbar und objektiv gewählt sind. Wichtig bleibt die Tatsache, dass bei erfolgsorientierten Systemen meist mehr die jüngeren Mitarbeiter angesprochen werden, da diese aufgrund der körperlichen wie auch geistigen Fitness in der Regel zu höherer Leistung befähigt sind, wobei die jetzige Situation der einseitigen Altersstruktur auch keine gute Ausgangslage darstellt. Risiken sind also meist vorhanden, spätestens wenn sich in Kommunalverwaltungen Zieländerungen einstellen oder Umfeldveränderungen, wie z. B. gesetzlicher Natur, erfolgen.

Aufgrund des am 04. Oktober 2004 vom Bundesminister des Innern, Otto Schily, des Bundesvorsitzenden des Deutschen Beamtenbundes und der Tarifunion, Peter Heesen sowie des Vorsitzenden der Vereinten Dienstleistungsgewerkschaft, Frank Bsirske, gemeinsam veröffentlichten Eckpunktepapiers „Neue Wege im öffentlichen Dienst" sind weit reichende Reformen des Beamtentums absehbar. Das beabsichtigte Reformkonzept enthält wesentliche Änderungen des bisherigen Beamtendaseins. Insbesondere wurde hierbei auf die Umgestaltung der Alimentation hin zu einem lei-

---

340 Vgl. Lurse, K.; Stockhausen, A., Manager und Mitarbeiter brauchen Ziele, 2001, S. 91f. sowie 106f..

stungsbezogenen Entgelt wert gelegt. Dabei sind als wichtigste Änderungen die Abschaffung der bisherigen Dienstaltersstufen sowie die Einführung von drei Erfahrungsstufen bei Normalleistung (die nach fünf, zehn oder zwanzig Dienstjahren erreicht werden) geplant. Des Weiteren ist die schrittweise Einführung von fünf zusätzlichen variablen Leistungsstufen beabsichtigt. Diese sollen jedoch nicht bei Minderleistung gewährt werden. Damit sind insgesamt je nach Leistung kurzfristig zwischen 96 und 104 Prozent des Basisgehalts möglich sowie langfristig zwischen 90 und 110 Prozent erreichbar. Diese Konzeption soll durch einen Referentenentwurf Anfang 2005 präzisiert werden. Ein daraus zu erwartendes Gesetz wird nicht vor Anfang 2007 in Kraft treten.[341] Selbstverständlich werden diese angestrebten Gesetzesnovellierungen auch in Landesrecht umzusetzen sein und damit in der Kommunalverwaltung Anwendung finden. Die im Beamtenrecht angestrebten Änderungen sind in ähnlicher Form auch für das Angestelltenrecht zu erwarten.

Abschließend bleibt festzustellen, dass zwar erste positive Reformansätze hin zu leistungsorientierter Besoldung und Vergütung in Kommunalverwaltungen unternommen wurden, aber eine kontinuierliche Überprüfung wie auch eine ständige Weiterentwicklung von Leistungsorientierung im Entgeltsystem des öffentlichen Dienstes unerlässlich bleibt.

---

[341] Vgl. Bundesministerium des Innern, Schilly, O.; Heesen, P.; Bsirske, F., Eckpunktepapier „Neue Wege im öffentlichen Dienst, 04.10.2004, S. 8ff. und vgl. Frankfurter Allgemeine Zeitung, Beamte sollen nach Leistungsstufen bezahlt werden, 05.10.2004, S.1f..

7 Literaturverzeichnis

7.1 Bücher

Adamschek, Bernd,

Innovative Vergütungssysteme in der öffentlichen Verwaltung, in: Adamschek, Bernd und Oechsler, Walter, Leistungsabhängige Bezahlung im öffentlichen Dienst, Gütersloh, 2001

Akademie des Deutschen Beamtenbundes, Bertelsmann Stiftung (Hrsg.), o. V.,

Führung und Arbeitsmotivation in Kommunalverwaltungen, 1989

Althoff, Klaus und Thielepape, Michael,

Psychologie in der Verwaltung, Hamburg, 1995

Andersen, Uwe und Woyke, Wichard (Hrsg.),

Handwörterbuch des politischen Systems der Bundesrepublik Deutschland, 3. Auflage, Bonn, 1997

Bergauer, Heinz-Peter und Wambach, Klaus,

Personalwesen- Sonderausgabe für die Bundesakademie für Öffentliche Verwaltung, München, 1991

Bierfelder, Wilhelm,

Handwörterbuch des öffentlichen Dienstes – Reform des öffentlichen Dienstrechts, Berlin, 1976

Blom, Herman und Hans-Jürgen Busse,

Organisationspsychologie – Arbeitsbuch der Hochschule für Öffentliche Verwaltung, Bremen, 1997

Budäus, Dietrich,

Leistungserfassung und Leistungsmessung in öffentlichen Verwaltungen, 1. Auflage Wiesbaden, 2000

Budäus, Dietrich und Eichhorn, Peter,

Public Private Partnership – Neue Formen öffentlicher Aufgabenerfüllung, 1. Auflage, Baden-Baden, 1997

Busse, Beate,

Leistungserfassung als Grundalge leistungsorientierter Entlohnung, in Budäus, Diedrich, Leistungserfassung und Leistungsmessung in der öffentlichen Verwaltung, 1. Auflage, Wiesbaden, 2000

Chmielewicz, Klaus,

Anmerkungen zur öffentlichen Betriebswirtschaftslehre, in: Eichhorn, Peter (Hrsg.), Betriebswirtschaftliche Erkenntnisse für Regierung, Verwaltung und Öffentliche Unternehmen – 25 Jahre Öffentliche Betriebswirtschaftslehre a. d. Univ. Mannheim, Baden-Baden: Nomos, (Schriften zur öffentlichen Verwaltung und öffentlichen Wirtschaft, Bd. 85) , 1985

Comelli, Gerhard und von Rosenstiel, Lutz,

Führung durch Motivation, München, 2001

Ferguson, Ian R.G.,

Management by Objectives in Deutschland, Frankfurt/ New York, 1973

Hoefert, Hans-Wolfgang und Reichard, Christoph,

Leistungsprinzip und Leistungsverhalten im öffentlichen Dienst, Stuttgart, 1979

Hopp, Helmut und Göbel, Astrid,

Management in der öffentlichen Verwaltung, Stuttgart, 1999

Horvath, Peter,

Leistungserfassung und Leistungsmessung, in: Budäus, Diedrich, Leistungserfassung und Leistungsmessung in öffentlichen Verwaltungen, 1. Auflage, Wiesbaden, 2000

Göser, Hans und Schlatmann, Arne,

Leistungsbezahlung in der Besoldung, Berlin/ München, 1998

Grunow, Dieter,

Leistungsverwaltung: Bürgernähe und Effizienz, in: Wollmann / Roth (Hrsg), Kommunalpolitik- Politisches Handeln in den Gemeinden, Bundeszentrale für politische Bildung, Opladen, 1998

Ilbertz, Wilhelm und Stiller, Thomas,

Öffentliches Dienstrecht in der Bundesrepublik Deutschland, 2.Auflage, Regensburg, 1991

Jäger, Peter,

Das öffentlich-wirtschaftliche Dienstprinzip, in: Archiv für öffentliche und freigemeinnützige Unternehmen, Bd. 11, 1979

Hoffmann, Peter,

Kommunalpolitik in Niedersachsen, in: Kost, Andreas und Wehling, Hans-Georg (Hrsg.), Kommunalpolitik in den Deutschen Ländern, 1. Auflage, Wiesbaden, 2003

Karrenberg, Hanns und Münstermann, Engelbert,

Kommunale Finanzen, in: Wollmann / Roth (Hrsg.), Kommunalpolitik- Politisches Handeln in den Gemeinden, Bundeszentrale für politische Bildung, Opladen, 1998

Koch, Rainer,

Personalführung auf dem Weg zum Management – Zu den Gestaltungsproblemen einer Zielsteuerung von Leistungsproblemen auf der Mitarbeiterebene, in: Böhret/ Klages/ Reinermann/ Siedentopf (Hrsg.), Herausforderungen an die Innovationskraft der Verwaltung, Opladen, 1987

Kost, Andreas und Wehling, Hans-Georg (Hrsg. und Verfasser),

Kommunalpolitik in den Deutschen Ländern, 1. Auflage, Wiesbaden, 2003

Krauss-Hoffmann, Peter; Antoni, C. H. und Eyer, E. sowie Kutscher, J. (Hrsg.),

Arbeitszeit-Gruppenarbeit-Entgeltsysteme - Monetäre Leistungsanreize im öffentlichen Sektor - Ansätze und Umsetzung in der Praxis, in: Das flexible Unternehmen (CD-Rom), April 2002

Kubin, Ernst,

Arbeits-, Dienstposten-, Leistungs- und Verhaltensbewertung in Öffentlichen Verwaltungen, Köln, 1967

Kühnlein, G. und Wohlfahrt, N.,

Zwischen Mobilität und Modernisierung – Personalentwicklungs- und Qualifizierungsstrategien in der Kommunalverwaltung, Edition Sigma, Berlin, 1994

Lasar, Andreas,

Dezentrale Organisation in der Kommunalverwaltung, Köln, 2001

Linde, Peter,

Angestellte im öffentlichen Dienst I – Grundlagen des Arbeitsverhältnisses, Heidelberg, 1991

Linde, Peter,

Angestellte im öffentlichen Dienst II – Grundlagen des Arbeitsverhältnisses, Heidelberg, 1991

Lüder, Klaus,

Konzeptionelle Grundlagen des Neuen Kommunalen Haushaltswesens, Speyer, 1997

Lurse, Klaus und Stockhausen, Anton,

Manager und Mitarbeiter brauchen Ziele, Bergisch-Gladbach, 2001

Mager, Udo,

Arbeits- und Tarifrecht, Dortmund, 1994

Maess, Kerstin und Thomas Maess (Hrsg.), o. V.,

digitales Personaljahrbuch 2001 – Wegweiser für zeitgemäße Mitarbeiterführung, 2001

Pullig, Karl-Klaus,

Personalmanagement, München/ Wien, 1993

Rau, Thomas,

Betriebswirtschaftslehre für Städte und Gemeinden, München, 1994

Reichard, Christoph,

Umdenken im Rathaus – Neue Steuerungsmodelle in der deutschen Kommunalverwaltung, 4. unveränderte Auflage, Berlin, 1995

Reichard, Christoph,

Betriebswirtschaftslehre der öffentlichen Verwaltung, 2. völlig neu bearbeitete und erweiterte Auflage, Berlin/ New York: de Gruyter, 1987

von Rosenstiel, Lutz,

Motivation im Betrieb, 8. Auflage, München, 1980

Schedler, Kuno,

Anreizsysteme in der öffentlichen Verwaltung, Bern/ Stuttgart/ Wien, 1993

Scherer, Michael,

Kommunalpolitik in Bremen, in Kost, Andreas und Wehling, Hans-Georg (Hrsg.), Kommunalpolitik in den Deutschen Ländern, 1. Auflage, Wiesbaden, 2003

Scherf, Wolfgang und Hofmann, Kai,

in: Kost, Andreas und Wehling, Hans-Georg (Hrsg.), Kommunalpolitik in den Deutschen Ländern, 1. Auflage, Wiesbaden, 2003

Schmähl, Winfried,

Betriebliche Sozial- und Personalpolitik – Neue Herausforderungen durch veränderte Rahmenbedingungen, 1. Auflage, Frankfurt, 1999

Schuster, Falko,

Einführung in die Betriebswirtschaftslehre der Kommunalverwaltung, Hamburg, 2001

Stucke, Niclas und Schöneich, Michael,

Organisation der Stadtverwaltung und deren Reform/ Modernisierung, in: Wollmann / Roth (Hrsg.), Kommunalpolitik- Politisches Handeln in den Gemeinden, Bundeszentrale für politische Bildung, Opladen, 1998

Thom, Norbert und Ritz, Adrian,

Public Management, 1. Auflage, Wiesbaden, 2000

Tondorf, Karin,

Leistungszulagen als Reforminstrument? Neue Lohnpolitik zwischen Sparzwang und Modernisierung, 2. Auflage, Berlin, 1997

Wagner, Fritjof,

Beamtenrecht, 7. Auflage, Heidelberg, 2002

Wind, Ferdinand und Schimana, Rudolf und Wichmann, Manfred,

Öffentliches Dienstrecht – Das Beamten- und Arbeitsrecht für den öffentlichen Dienst, 4. Auflage, Köln/ Speyer, 1998

Ziegler, Ursula,

Leitfaden Besoldungsrecht, Heidelberg, 1988

7.2 Broschüren, Zeitschriften, Zeitungen

Ahrens, Annemarie und Lotzkat, Petra,

Den Erfolg von Personalentwicklung messen und bewerten- Erste Ergebnisse und Erfahrungen mit Personalentwicklung in einer Landes- und Großstadtverwaltung, in: Verwaltung und Management, Baden-Baden, 2. Jg., Heft 2, 1996

Bahnmüller, Reinhard,

Trends betrieblicher Entgelt- und Leistungsregulierung, in: Mitbestimmung, Düsseldorf, Heft 1 und 2, 1999

Barthel, Tomas,

Prämiensysteme in Kommunalverwaltungen – Die aktuelle Praxis, in: Neues Verwaltungsmanagement, Berlin, Heft 31, 08/ 2004

Becker, Hermann,

Arbeitsmoral und Leistungsbereitschaft – Herzbergs Theorie der „Arbeitshygiene“, in: Verwaltung und Management, Baden-Baden, 3. Jg., Heft 4, 1997

Bönders, Thomas,

Neue Leistungsanreize in der Besoldung – Anreiz oder Flop?, in: Zeitschrift für Beamtenrecht, Köln, Heft 1, 1999

Brede, Helmut,

Neuere deutschsprachige Lehrbücher und ihr Beitrag zu einer betriebswirtschaftlichen Theorie der öffentlichen Verwaltung und Betriebe, in: Friedrich, P. (Hrsg.), Beiträge zur Theorie öffentlicher Unternehmen (in memoriam Thiemeyer, Theo), Zeitschrift für öffentliche und gemeinnützige Unternehmen, Beiheft 14, 1992

Breisig, Thomas,

Die Pferdefüße leistungsorientierter Bezahlung, in: Mitbestimmung, Düsseldorf, Heft 1 und 2, 1999

Bremer Wirtschaftsförderung GmbH,

Bremen Daten und Fakten, 2. Auflage, Bremen, 1999

Bundesministerium des Innern,

Der öffentliche Dienst in Deutschland, 2. Auflage, Berlin, 2002

Bundesministerium der Finanzen,

Das System der Öffentlichen Haushalte, Berlin, 2001

Bundesregierung,

Moderner Staat- Moderne Verwaltung, Berlin, 1999

Busse, Beate,

Leistungsanreize – Situation, Grundverständnis, Ziele, in: Verwaltung und Management, 8. Jg., Heft 4, 2002

Dulisch, Frank,

Leistungsprämien als Motivationsanreiz im öffentlichen Dienst, in: Verwaltungsrundschau, Köln, Heft 2, 1996

Eichhorn, Peter,

Controlling für öffentliche Dienstleistungen – Die Öffentliche Betriebswirtschaft bricht sich Bahn, in: Controlling, München, Heft 4-5, 2002

Frankfurter Allgemeine Zeitung,

Beamte sollen nach Leistungsstufen bezahlt werden – Reform des Laufbahnrechts / Schily einig mit Beamtenbund und ver.di, Nr. 232/41, 05.10.2004

Fedrow, Thomas,

Personalentwicklung ist Basis für Veränderungsprozesse, in: Innovative Verwaltung – Die Fachzeitschrift für erfolgreiches Verwaltungsmanagement, Baden-Baden, Heft 4, 2004

Freie Hansestadt Bremen,

Personalmanagement in der Freien Hansestadt Bremen - Grundinfos von A-Z, Bremen, 2003

Freie Hansestadt Bremen, Der Senator für Finanzen,

Personalmanagementkonzept für den Konzern Freie Hansestadt Bremen - Zukunftssicherung durch Innovation: Personalpolitisches Arbeitsprogramm für die Jahre 2000-2005, in der Fassung des Beschlusses der Steuerungsgruppe „Personalmanagement", Bremen, 27.09.2000

Freie Hansestadt Bremen, Der Senator für Finanzen,

Personalcontrolling Band I – Jahresbericht Personalstruktur und Personalausgaben nach Konzernbereichen 2002, 2003

Freie Hansestadt Bremen, Der Senator für Finanzen,

Personalentwicklungsprogramm (PEP) bis 2007, 2003

Gösmann, Sven,

Nachschlag für fleißige Beamten, in: Der Weserkurier, Bremen, 29.09.1999

Groothuis, Ulrich,

Von Null auf Langsam, in: Wirtschaftswoche, Heft 12, Düsseldorf, 11.3.2004

Kappius, Gerhard,

Leistungsabhängige Bezahlung aus Sicht eines öffentlichen Arbeitgebers, in: Adamschek, Bernd und Oechsler, Walter, Leistungsabhängige Bezahlung im öffentlichen Dienst, Gütersloh, 2001

Kempe, Martin,

Wilkahn setzt Signale, in: Mitbestimmung, Düsseldorf, Heft 1 und 2, 1999

König, Klaus,

„Neue“ Verwaltung oder Verwaltungsmodernisierung: Verwaltungspolitik in den 90er Jahren, in: Die Öffentliche Verwaltung, Stuttgart, Heft 9, 1995

Krause, Frank,

Landesregierung ringt um Kürzungen beim Personal, in: Stuttgarter Nachrichten, Nr. 220, 22.09.2004

Krieger, Hubert und Pekruhl, Ulrich,

Lohn für Kooperation, in: Mitbestimmung, Düsseldorf, Heft 1 und 2, 1999

Krusekamp, Harald,

Die Bestenauslese wird ihrem Anspruch nicht gerecht, in: Innovative Verwaltung, Heft 4, 2004

Kunz, Gunnar,

Ziele partnerschaftlich vereinbaren-ein Weg zum Erfolg, in: Harvard Business Manager, Hamburg, Heft 2, 1999

Landkreis Osnabrück (Hrsg.),

Der Datenspiegel 2004, 2004

Landkreis Rotenburg (Wümme) (Hrsg.),

Information 2000, 2000

Lecheler, Helmut,

Reform oder Deformation?, in: Zeitschrift für Beamtenrecht, Köln, Heft 7, 1997

Müller, Matthias,

Anreiz durch Nasenprämien, in: Mitbestimmung, Düsseldorf, Heft 1 und 2, 1999

Nässer, Christian,

Mehr Wert durch mehr Geld?, in: Karriereführer – Berufseinstieg für Hochschulabsolventen, Köln, 17. Jg., Heft 3, 2004

Oechsler, Walter,

Methodische Grundlagen der Leistungsbeurteilung unter Einbeziehung von interkommunalen Leistungsvergleichen, in: Adamschek, Bernd und Oechsler, Walter, Leistungsabhängige Bezahlung im öffentlichen Dienst, Gütersloh, 2001

Pippke, Wolfgang,

Zielvereinbarungen, in: Verwaltung und Management, Baden-Baden, Heft 5, 1997

Reinermann, Heinrich,

Modernisierung von Staat und Verwaltung, in: Verwaltung und Management, Baden-Baden, 9. Jg., Heft 6, 2003

Reinermann, Heinrich,

Neues Politik- und Verwaltungsmanagement: Leitbild und theoretische Grundlagen, Speyerer Arbeitshefte 130, 2000

Ritz, Adrian und Thom, Norbert,

Schweizer Reformprojekte zeigen vielschichtige Wirkung, in: innovative Verwaltung, Heft 9, 2003

Scherf, Henning,

Dezentral und selbständig – Ziele der Bremer Reform, in: Verwaltung, Organisation, Politik, Heft 12, 1998

Schlatmann, Arne,

Leistungsbezahlung im öffentlichen Dienst, in: Die Personalvertretung, Berlin, Heft 3, 1999

Schulte, Thorolf,

Leistungsabhängige Bezahlung aus der Sicht des Deutschen Beamtenbundes, in: Adamschek, Bernd und Oechsler, Walter, Leistungsabhängige Bezahlung im öffentlichen Dienst, Gütersloh, 2001

Steinort, Udo,

Leistungsabhängige Bezahlung aus Sicht der Gewerkschaft ötv, in: Adamschek, Bernd und Oechsler, Walter, Leistungsabhängige Bezahlung im öffentlichen Dienst, Gütersloh, 2001

Studenroth, Stefan,

Zeitlich begrenzte Ernennungen im Beamtenrecht, in Zeitschrift des Beamtenrechts, Köln, Heft 7, 1997

UNI-Magazin - Perspektiven für Beruf und Arbeitsmarkt, Bundesanstalt für Arbeit (Hrsg.),

Anzeigenanalyse Öffentlicher Dienst und Verwaltungen – Einsparungen im Personalbereich, Nürnberg, 28. Jg., Heft 3, 2004

Wirtschaftswoche (Hrsg.), o. V.,

Prämien vor Firmenwagen, in: Wirtschaftswoche, Heft Nr. 35, 19.08.2004

Wirtschaftswoche (Hrsg.), o. V.,

Wertlose Boni, in: Wirtschaftswoche, Heft 8, Düsseldorf, 12.02.2004

8 Sonstiges Quellenverzeichnis

8.1 Internetquellen

www.bmi.bund.de, 17.06.2004

www.studienpreis.de, 25.03.2004,

www.ftd.de; www.staufenbiel-personalberatung.de; www.gallup.de, 19.01.2004

www.projektmagazin.de, 03.05.2004

www.bmi.bund.de, 17.06.2004

www.wissensmanagement-competence-center.de, 03.05.2004

www.wiwi.uni-bielefeld.de, 03.05.2004

www.dbb.de, 11.05.2004

8.2 Interviewpartner

Cramer, Adolf,

Convert GmbH - Unternehmensberatung, Unternehmensberater, Stuttgart, 14.01.2004

Huesmann, Albert,

Landkreis Osnabrück, Produktbereichsleiter für Bereich Beamte, 23.06.2004

Klug, Michael,

Finanzamt Neubrandenburg, Sachgebietsleiter Steuerfahndung, Neubrandenburg, 16.01.2004

Kokemüller, Lutz,

ver.di-Landesverband Bremen, Stellvertretender Leiter, Bremen,19.05.2004

Kück, Hans-Joachim,

Freie Hansestadt Bremen, Der Senator für Gesundheit, Frauen, Soziales, Amt für Soziale Dienste Bremen, Personalreferent, 18.06.2004

Naused, Hermann,

Landkreis Rotenburg (Wümme), Sachbearbeiter in der Personalabteilung, 24.06.2004

Pahl, Ulrich,

Freie Hansestadt Bremen, Der Senator für Finanzen, Sachbearbeiter, 11.06.2004

Perschau, Hartmut,

Freie Hansestadt Bremen, Wirtschaftssenator a. D. von Bremen, 26.05.2004

Renzelmann, Christiane,

Freie Hansestadt Bremen, Der Senator für Arbeit, Frauen, Gesundheit, Jugend und Soziales, Amt für Soziale Dienste Bremen, Personalratsvorsitzende, Bremen, 11.06.2004

Seidel, Lothar,

Freie Hansestadt Bremen, Der Senator für Arbeit, Frauen, Gesundheit, Jugend und Soziales, Personalreferent, 21.05.2004

Suhling, Claus,

Freie Hansestadt Bremen, Der Senator für Finanzen, Personalcontrolling, Referent, Bremen, 25.05.2004

Tydt, Waltraud,

Freie Hansestadt Bremen, Der Senator für Bau und Umwelt, Amt für Straßen und Verkehr, 23.06.2004

8.3 Statistiken, Berichte, Dokumentationen, Präsentationen

Baganz,

econopolis GmbH, Düsseldorf, Präsentationsfolien zum Vortrag: Die Entdekkung der Verantwortung in der öffentlichen Verwaltung: Was Gesetze und Tarifverträge heute schon erlauben, auf: WirtschaftsWoche Jahrestagung mit dem Thema „Neustart Kommune“, Berlin, 28.04.2004

Bertelsmannstiftung, Hans-Böckler-Stiftung und KGSt (Hrsg),

Mitarbeiter-orientierte Zielvereinbarungen in der Kommunalverwaltung – Vom Konzept zur Umsetzung, Köln, 2003

Bundesinnenministerium,

Erfahrungsbericht zur Dienstrechtsreform, Berlin, 14.06.2001

Bundesinnenministerium,

Praxisempfehlungen für die Erstellung und den Abschluss von Zielvereinbarungen im Bundesministerium des Innern und den Behörden des Geschäftsbereichs des Bundesinnenministeriums, Berlin, 19.01.2001

Holzrichter, Elke, Kommunale Gemeinschaftsstelle für Verwaltungsvereinfachung (Hrsg.),

KGSt- Präsentation „Moderner Staat- Materielle Leistungsanreize in öffentlichen Verwaltungen“, Berlin, 28. und 29. November 2000

Kappius, Gerhard,

Hauptgeschäftsführer der Vereinigung der kommunalen Arbeitgeberverbände e.V., Beigeordneter a. D., WirtschaftsWoche-Jahrestagung „Neustart Kommune“, Leistungs- und ertragsabhängige Vergütung in kommunalen Betrieben und Verwaltungen, Berlin, 27. und 28. April 2004

Kirschnik, Dörte, Freie Hansestadt Bremen, Senator für Finanzen (Hrsg.),

ICG-Sommergespräche, Bremen, 2003

Kommunale Gemeinschaftsstelle für Verwaltungsvereinfachung,

Ergänzungen zum KGSt-Bericht 7/2003, Kosten eines Arbeitsplatzes, Köln, 2003

Kommunale Gemeinschaftsstelle für Verwaltungsvereinfachung,

KGSt-Bericht 2/2002, Das Mitarbeitergespräch in der Praxisbewährung, Köln, 2002

Kommunale Gemeinschaftsstelle für Verwaltungsvereinfachung,

KGSt-Bericht 3/1999, Personalführung Teil1: Leistungsermittlung, Köln, 1999

Kommunale Gemeinschaftsstelle für Verwaltungsvereinfachung,

KGSt-Bericht 3/1999, Personalführung Teil2: Potentialermittlung, Köln, 1999

Kommunale Gemeinschaftsstelle für Verwaltungsvereinfachung,

KGSt-Bericht 9/1997, Steuerung kommunaler Haushalte, Köln, 1997

Kommunale Gemeinschaftsstelle für Verwaltungsvereinfachung,

KGSt-Bericht 6/1996, Personalentwicklung im Neuen Steuerungsmodell, Köln, 1996

Kommunale Gemeinschaftsstelle für Verwaltungsvereinfachung,

KGSt-Bericht 10/ 1995, Das Neue Steuerungsmodell- Erste Zwischenbilanz, Köln, 1995

Kommunale Gemeinschaftsstelle für Verwaltungsvereinfachung,

KGSt-Bericht 5/1993, Das Neue Steuerungsmodell, Das Neue Steuerungsmodell, Das Neue Steuerungsmodell, Köln, 1993

Kreisverwaltung Soest,

Personalentwicklungskonzept für 2004 für Kreisverwaltung Soest, 01.02.2004

Landesregierung des Landes Nordrhein-Westfalen,

Regierungskommission, Reform der Verwaltung: der Bericht der Regierungskommission (Kurzform), Düsseldorf, 2003

Landesregierung des Landes Nordrhein-Westfalen,

Regierungskommission, Reform der Verwaltung: der Bericht der Regierungskommission (Langform), Düsseldorf, 2003

Landesregierung des Landes Nordrhein-Westfalen,

Regierungskommission, Reform der Verwaltung: Anlagenbericht zum Bericht der Regierungskommission, Düsseldorf, 2003

Magistrat der Stadt Wien,

Managementforum Personal, Endbericht der Arbeitsgruppe zum Thema „Steuerung und Förderung einer leistungsgerechten Einkommensentwicklung sowie finanzieller Anreizsysteme“ (internes Arbeitspapier), Wien, 01/2001

Mellenberger, Cornelia,

unveröffentlichte Lizentiatsarbeit mit dem Thema Kollektive Anreizinstrumente der öffentlichen Verwaltung, Bern, 2004

Mezger, Erika,

Was leisten Leistungsanreize? – Ergebnisse einer Recherche zu Leistungsanreizen in der öffentlichen Verwaltung in Deutschland, ohne Ort, 2002

Reinermann, Heiner,

Verwaltungsmodernisierung mit New Public Management und Electronic Government, Speyer, 2002

Stadt Uelzen,

Dokumentation über die Einführung neuer Steuerungsinstrumente, 20.04.2000

8.4 Mitteilungen, Briefe

Banner, Gerhard, Kommunale Gemeinschaftsstelle für Verwaltungsvereinfachung (Hrsg.),

Brief des Vorstandes an die Verwaltungschefs, Finanzdezernenten, Organisationsdezernenten der KGSt-Mitgliedstädte, -gemeinden und –kreise, 30.10.1992

Bundesministerium des Innern (Hrsg.), Schilly (BMI) und Heesen (dbb) sowie Bsirske (ver.di),

Eckpunktepapier „Neue Wege im öffentlichen Dienst", Berlin, 04.10.2004

Bundesministerium des Innern,

Schreiben an den Senator für Finanzen der Freien Hansestadt Bremen, Zusammenfassung der Ergebnisse zu der Umsetzung der Leistungsbesoldung, 26.02.2004

Bundesministerium des Innern,

Schreiben an den Senator für Finanzen der Freien Hansestadt Bremen, 04.11.1994

Bundesrat,

Entschließung des Bundesrates Nr. 270/ 94 zur leistungsorientierten Umgestaltung des Besoldungssystems, 08.07.1994

Collisi, Birgitt,

Mitarbeiterin des Deutschen Städtetages, Mailstellungnahme zur Leistungsorientierung, Köln, Juli 2004

Freie Hansestadt Bremen, Der Senator für Finanzen Bremen (Hrsg.),

Beurteilungswesen im bremischen öffentlichen Dienst 2001-2004, 2004

Klatt, Wolf-Dieter,

Freie Hansestadt Bremen, Der Senator für Arbeit, Frauen, Gesundheit, Jugend und Soziales Bremen, Der Personalrat, Brief an den Referatsleiter 10, 24.09.2003

Kommunaler Arbeitgeberverband Niedersachsen,

Rundschreiben A3/96, 10.01.1996

Landkreis Osnabrück,

Vereinbarung über die Zahlung von Leistungsprämien und Leistungszulagen an die Beschäftigten des Landkreises Osnabrück, Februar 2002

Lühr, Henning, Freie Hansestadt Bremen, Der Senator für Finanzen, Rundschreiben Nr. 2/2002, 15.01.2002

Pahl, Ulrich,

Freie Hansestadt Bremen, Der Senator für Finanzen (Hrsg.), Rundschreiben Nr. 27/2003, 15.12.2003

Seidel, Lothar,

Freie Hansestadt Bremen, Der Senator für Arbeit, Frauen, Gesundheit, Jugend und Soziales Bremen, Vorlage für die Abteilungsleiter-Klausur am 28.01.2004, 27.01.2004

Seidel, Lothar,

Freie Hansestadt Bremen, Der Senator für Arbeit, Frauen, Gesundheit, Jugend und Soziales Bremen, Gewährung von Leistungszulagen/ Leistungsprämien, 10.02.2004

Söller und Kahnert,

Freie Hansestadt Bremen, Der Senator für Finanzen, Vorlage für die 7. Sitzung der Steuerungsgruppe „Personalmanagement“, 17.12.2001

ver.di,

Tarifinformation - Öffentlicher Dienst NRW, Tarifvertrag „Leistungsprämien für Beschäftigte im öffentlichen Dienst Nordrhein-Westfalens abgeschlossen!, 27.03.2003

8.5 Rechtsquellen, Tarifverträge, Verwaltungsvorschriften, Richtlinien

Beamtenrechtsrahmengesetz (BRRG)

Beamtenversorgungsgesetz (BeamtVG)

Besoldungsstrukturgesetz (BesStrukG)

Bremisches Personalvertretungsgesetz (BremPVG)

Bundesangestelltentarifvertrag (BAT)

Bundesangestelltentarifvertrag-Ost (BAT-O)

Bundesbeamtengesetz (BBG)

Bundesbesoldungsgesetz (BBesG)

Bundeshaushaltsordnung (BHO)

Bundeslaufbahnverordnung (BLV)

Bundespersonalvertretungsgesetz (BPersVG)

Durchführungshinweise zur Bremischen Leistungsprämien- und –zulagenverordnung (BremLPZV)

Gesetz zur Reform des öffentlichen Dienstrechts (Dienstrechtsreformgesetz)

Haushaltsgrundsätzegesetz (HGrG)

Landesverfassung der Freien Hansestadt Bremen

Landesverordnung zur Durchführung der §§ 27 und 42a des Bundesbesoldungsgesetzes Rheinland-Pfalz

Niedersächsisches Personalvertretungsgesetz (Nds.PersVG)

Niedersächsische Verordnung über die Gewährung von Prämien und Zulagen für besondere Leistungen (NLPZVO)

Rahmentarifvertrag über die Grundsätze zur Gewährung von Leistungszulagen und Leistungsprämien (TV-L)

Richtlinien der Vereinigung der kommunalen Arbeitgeberverbände zur Gewährung von Leistungszulagen und Leistungsprämien

Schwerbehindertengesetz (SchwbG)

Sozialgesetzbuch VI (SGB VI)

Spartentarifvertrag Nahverkehrsbetriebe in Nordrhein Westfalen (TV-N NRW)

Tarifvertrag zur Gewährung von Leistungszulagen und Leistungsprämien in kommunalen Verwaltungen und Betrieben im Lande Sachsen-Anhalt (TV-LZ/LP-LSA)

Tarifvertrag über die Gewährung von Leistungsprämien im Bereich des KAV NW (TV-l NW)

Vergütungstarifvertrag (VergTV)

Verordnung über das leistungsabhängige Aufsteigen in den Grundgehaltsstufen Nordrhein-Westfalen (LStuVO)

Versorgungsbetriebe (TV-V)

Verwaltungsvorschriften zur vorläufigen Haushalts- und Wirtschaftsführung der Freien Hansestadt Bremen (Land und Stadtgemeinde) 2004 auf der Grundlage der Ermächtigung nach Art. 132 a der Landesverfassung der Freien Hansestadt Bremen

9 Anlagen

Anlage 1: Differenzierungsmöglichkeiten

Öffentliche Verwaltungen	Öffentliche Unternehmen	Private Unternehmen
öffentliches Eigentum zu 100%	öffentliches Eigentum zu 25-100%	wirtschaftliche Selbständigkeit, daher meist zu 100% in privatem Eigentum
Deckung kollektiver Fremdbedarfe	Deckung individueller Fremdbedarfe	Fremdbedarfsdeckung
Handeln nach politischen Zielvorgaben	Handeln in kollektivem Interesse (geringe Zielfindungskompetenz)	autonome Entscheidungskompetenz
gemeinwirtschaftlich (Zuschussbetrieb)	gemeinwirtschaftlich (Kostendeckung angestrebt)	Erwerbswirtschaftliches Prinzip (Gewinnerzielung)
nicht marktfähige Güter	(bedingt) marktfähige Grundgüter	marktfähige Güter
Unentgeltliche Überlassung, Finanzierung über Haushaltstitel	Finanzierung über Gebühren, z. T. Subventionen	Finanzierung über Umsatzerlöse

(In Anlehnung an Reichard, C., Betriebswirtschaftslehre der öffentlichen Verwaltung, 1987, S. 16.)

Anlage 2: Leistungsbewertung für Mitarbeiter mit Personalverantwortung

Stichtag: ... ...

Personalangaben

Familienname, Vorname	....
Funktion	....
Eingruppierung	....
Organisationseinheit	....

Beurteilungszeitraum

von ... ... bis ... ...

Beurteilungskriterien

Arbeitsgebnisse

jeweils 1 bis 40 Punkte je Unterpunkt möglich

Ergebnisse sind fehlerfrei und termingerecht	..
Hohe Arbeitsgüte wird auch bei Spitzenbelastungen erreicht	..
Aufwand und Ergebnis stehen in angemessenem Verhältnis	..
Beachtet Zusammenhänge und setzt Prioritäten, beachtet Arbeitssicherheit	..
Die vereinbarten Arbeitsergebnisse wurden erreicht	..
Ergebnisse basieren auf fundiertem Fachkönnen	..
Summe der Unterpunkte	..
Durchschnittswert (Summe der Unterpunkte: 1)	....

Arbeitsgestaltung/-stil

jeweils 1 bis 40 Punkte je Unterpunkt möglich

Setzt sich für effiziente Abläufe ein	..
Ermittelt Fehlerquellen und beseitigt sie	..
Kommt zu Ideen für Problemlösungen/Verbesserung	..
Bringt Entscheidungen voran, kommuniziert offen mit Mitarbeitern und Vorgesetzten	..
Handelt kostenbewußt und kundenorientiert	..
Bearbeitet Aufgaben selbständig	..
Verteilt Arbeitsbelastung angemessen auf seine Mitarbeiter	..
Summe der Unterpunkte	..
Durchschnittswert (Summe der Unterpunkte: 2)	....

Mitarbeitermotivation und -führung
jeweils 1 bis 40 Punkte je Unterpunkt möglich

Achtet auf vorbildliches eigenes Verhalten	..
Entwickelt und vereinbart Ziele zusammen mit Mitarbeitern	..
Vertritt auch unpopuläre Entscheidungen und kann sie durchzusetzen	..
Fördert Mitarbeitervorschläge	..
Delegiert Aufgaben und Verantwortung	..
Sorgt für hohe Leistungsbereitschaft, schafft Vertrauen, unterstützt Teamarbeit	..
Vermittelt Wissen und Erfahrungen	..
Summe der Unterpunkte	..
Durchschnittswert (Summe der Unterpunkte: 3)	....

Mitarbeiterentwicklung
jeweils 1 bis 40 Punkte je Unterpunkt möglich

Fördert kundenfreundliches Verhalten intern und extern	..
Schafft Entfaltungsmöglichkeiten und Freiräume für die Mitarbeiter	..
Erkennt Stärken/Schwächen der Mitarbeiter und setzt ggf. gezielt Coach- beziehungsweise Bildungsmaßnahmen ein	..
Fördert und plant die Entwicklung seiner Mitarbeiter	..
Erkennt und fördert Führungspotential	..
Bringt potentiellen Führungsnachwuchs in Führungssituationen, auch in anderen Abteilungen/Projekten	..
Fördert Eigeninitiative der Mitarbeiter zur Weiterbildung auch in der Freizeit	..
Summe der Unterpunkte	..
Durchschnittswert (Summe der Unterpunkte: 4	....

Kommunikation und Teamarbeit
jeweils 1 bis 40 Punkte je Unterpunkt möglich

Erkennt Konflikte rechtzeitig	..
Informiert und kommuniziert ständig	
Vertritt Entscheidungen, fördert transparentes Management	..
Erklärt Abteilungs- und Unternehmensziele und fördert Feedback	..
Fördert Teamarbeit und Zusammenarbeit	..
Beteiligt Mitarbeiter an Entscheidungen	..
Übt konstruktiv Kritik und ist selbst für Kritik aufgeschlossen	..
Summe der Unterpunkte	..
Durchschnittswert (Summe der Unterpunkte: 5	....

Auswertung der Durchschnittswerte/Leistungsurteil	
1. Arbeitsergebnisse	..
2. Arbeiterstil/-gestaltung	..
3. Mitarbeitermotivation und -führung	..
4. Mitarbeiterentwicklung	..
5. Kommunikation und Teamarbeit	..
Gesamtpunktzahl	....

Gesamtpunktzahl	Die Anforderungen wurden ...	Leistungsbeurteilung
200 - 182	... beträchtlich übertroffen	1
181 - 160	... übertroffen	2
159 - 110	... voll erfüllt	3
108 - 60	... im allgemeinen erfüllt	4
< 60	... nicht erfüllt	5

Leistungsurteil ....

Verfahren

Der Beurteiler dokumentiert seine Teilnahme, daß die Leistungsbeurteilung durchgeführt, eröffnet, mitgeteilt wurde und das Beratungs- und Förderungsgespräch erfolgt ist. Der Beurteilte bestätigt die Eröffnung und Besprechung der Leistungsbeurteilung sowie die Durchführung des Beratungs- und Förderungsgesprächs.

Beurteiler

Die Eröffnung der Leistungsbeurteilung und das Beratungs- und Förderungsgespräch erfolgten am ... ...

Unterschrift

Beurteilter

Die Leistungsbeurteilung wurde mir heute eröffnet und mit mir besprochen; das Beratungs- und Förderungsgespräch durchgeführt.
Ich bin mit den Feststellungen nicht einverstanden; eine Stellungnahme ist beigefügt

.........., ...
Ort/Datum

Unterschrift

Unmittelbarer Vorgesetzter des Beurteilers

Kenntnisnahme der Leistungsbeurteilung am: ... ...

Unterschrift

Kenntnisnahme von der Eröffnung der Leistungsbeurteilung und des Beratungs- und Förderungsgespräches am: ... ...

Unterschrift

Weitergabe an die Personalabteilung zur Ablage in der Persoanalakte

(Maess, Kerstin und Thomas (Hrsg.), o. V., digitales Personaljahrbuch 2001 – Wegweiser für zeitgemäße Mitarbeiterführung, 2001, Musterformulare.)

Anlage 3: Potenzialeinschätzung

Stärken-Schwächen-Analyse

<table>
<tr><td colspan="2">Stelleninhaber Nachfolger Führungskraft Führungsnachwuchskraft</td></tr>
<tr><td>Name: .... Vorname: .... Geburtsdatum: ....</td><td>Position/Funktion: .... seit: ....</td></tr>
<tr><td>Stärken •1.......... •2 .... •3 .... •4 ....
•5 ....</td><td>Schwächen •1 .... •2 ....
•3 .... •4 .... •5 ....</td></tr>
<tr><td colspan="2">Maßnahmen zur beruflichen Weiterbildung in der jetzigen Position:
•1 .... •2 .... •3 .... •4 .... •5 ....</td></tr>
<tr><td>Weitere Entwicklungsschritte/zukünftige Aufgaben/ mögliche Positionen</td><td>frühester Zeitpunkt</td></tr>
<tr><td>•1 .... •2 .... •3 .... •4 .... •5 ....

Anmerkungen: ....</td><td>.......... ....

Erstellt: .... Mitgewirkt: .... Datum: ....</td></tr>
</table>

(Maess, Kerstin und Thomas (Hrsg.), o. V., digitales Personaljahrbuch 2001 – Wegweiser für zeitgemäße Mitarbeiterführung, 2001, Musterformulare.)

Anlage 4: Leistungsbegriffsanwendungen

	Maßnahme	**Leistungsbegriff**	**Instrument**
Bisher im Dienstrecht vorhandene Begriffe	Beförderung, Übertragung eines höher bewerteten Dienstpostens	umfassende, dienstlicher Gesamtleistung	dienstliche Beurteilung, ggf. mit aktuellem Votum, sie ist auf diesen Leistungsbegriff zugeschnitten
Neue Leistungsbegriffe: Keine Bindung an die dienstliche Beurteilung, sie ist nicht auf diese spezifischen Leistungsbegriffe zugeschnitten	Leistungsstufe	dauerhaft herausragende **Gesamt**leistung	Leistungseinschätzung, die die dauerhaft herausragenden Gesamtleistungen dokumentiert
	Leistungsprämie Leistungszulage	Herausragende besondere **Einzel**leistung	Darlegung, was als herausragende besondere Einzelleistung angesehen wird

(Göser, H.; Schlatmann, A., Leistungsbezahlung in der Besoldung, 1998, S.128.)

Anlage 5: Darstellung von Voraussetzungen und Anwendungen

5-1) Leistungsbezahlung bei Bund und Ländern – Stand: 01.01.2004

Bund/	Leistungsstufe		Leistungsprämie		Leistungszulage	
Bundesland	VO	Vergabe	VO	Vergabe	VO	Vergabe
Bund	ja	ja	ja	ja	ja	ja
Baden-Württemberg	ja	ja	ja	nein	ja*	nein
Bayern	ja	nein	ja	ja	ja	ja
Berlin	ja	ja	ja	ja	ja	ja
Brandenburg	ja	ja	ja	ja	ja	ja
Bremen	nein	nein	ja	ja	ja	ja
Hamburg	nein	nein	nein	nein	nein	nein
Hessen	ja*	nein	ja*	nein	ja*	nein
Mecklenburg-Vorpommern	nein	nein	nein	nein	nein	nein
Niedersachsen	nein	nein	ja	nein	ja	nein
Nordrhein-Westfalen	ja	nein	ja	nein	ja	nein
Rheinland-Pfalz	ja	nein	ja	nein	ja	nein
Saarland	nein	nein	nein	nein	nein	nein
Sachsen	ja	ja	ja	ja	nein	nein
Sachsen-Anhalt	nein	nein	nein	nein	nein	nein
Schleswig-Holstein	ja	nein	ja*	nein	nein	nein
Thüringen	ja	nein	nein	nein	nein	nein

* Landesbeamte wurden ausgenommen

5-2) Leistungsbezahlung bei Bund und Ländern – Stand: 01.01.2004

Bund/ Bundesland	Vergabe in Kommunal-verwaltung	BesStruktG umgesetzt	Umsetzung BesStruktG geplant
Bund	entfällt	ja	entfällt
Baden-Württemberg	ja	nein	**nein**[#]
Bayern	ja	nein	ja, teilweise
Berlin	ja, aber selten	nein	nein
Brandenburg	nein	nein	ja
Bremen	ja, teilweise	**ja, teilweise**[#]	**entfällt**[#]
Hamburg	nein*	nein*	nein*
Hessen	**ja, teilweise**[#]	**ja, teilweise**[#, +]	**entfällt**[#]
Mecklenburg-Vorpommern	nein*	nein*	nein*
Niedersachsen	ja, Prämien	nein	**nein**[#]
Nordrhein-Westfalen	ja, teilweise	nein	ja
Rheinland-Pfalz	keine Informationen	nein	nein
Saarland	nein*	nein*	nein*
Sachsen	ja, teilweise	nein	ja
Sachsen-Anhalt	nein*	nein*	nein*
Schleswig-Holstein	keine Informationen	nein	nein
Thüringen	keine Informationen	nein	nein

* keine Rechtsverordnungen erlassen

[#] **Veränderung gegenüber Stand Juni 2003** [+] **Verordnung vom 3. Februar 2004 (GVBl. I S. 54)**

5-3) Leistungsbezahlung bei Bund und Ländern – Stand: 01.01.2004

Bund/Bundesland	Rechtsverordnung zu § 27 Abs. 3 BBesG - Leistungsstufe -	Rechtsverordnung zu § 42a BBesG - Leistungszulage/-prämie -
Bund	Leistungsstufenverordnung (LStuV) vom 25.09.2002*	Leistungsprämien- und -zulagenverordnung (LPZV) vom 25.09.2002*
Baden Württemberg	Leistungsstufenverordnung (LStuVO) vom 30.03.1998	Leistungsprämien- und -zulagenverordnung (LPZVO) vom 30.03.1998
Bayern	Leistungsstufenverordnung (LStuV) vom 20.02.1998	Bayerische Leistungsprämien- und Leistungszulagenverordnung (BayLPZV) vom 15.12.1998
Berlin	Leistungsstufenverordnung (LStVO) vom 23.04.2001	Leistungsprämien- und -zulagenverordnung (LPZVO) vom 17.07.2001
Brandenburg	Brandenburgische Leistungsstufenverordnung (BbgLStV) vom 12.10.2001	Brandenburgische Leistungsprämien- und -zulagenverordnung (BbgLPZV) vom 12.10.2001
Bremen	Keine Verordnung	Bremische Leistungsprämien- und -zulagenverordnung (BremLPZV) vom 07.07.1998
Hamburg	Keine Verordnung	Keine Verordnung
Hessen	Hessische Leistungsstufenverordnung (HLStVO) vom 04.11.1998	Hessische Leistungsprämien- und -zulagenverordnung (HLPZVO) vom 04.11.1998
Mecklenburg-Vorpommern	Keine Verordnung	Keine Verordnung
Niedersachsen	Keine Verordnung	Leistungsprämien- und -zulagenverordnung (NLPZVO) vom 05.10.1999
Nordrhein-Westfalen	Leistungsstufenverordnung (LStuVO) vom 10.03.1998	Leistungsprämien- und -zulagenverordnung (LPZVO) vom 0.03.1998
Rheinland-Pfalz	Landesverordnung zur Durchführung der §§ 27 und 42 a des Bundesbesoldungsgesetzes vom 14.04.1999	
Saarland	Keine Verordnung	Keine Verordnung
Sachsen-Anhalt	Keine Verordnung	Keine Verordnung
Sachsen	Leistungsstufenverordnung (LStVO) vom 27.10.1998	Leistungsprämienverordnung (LPVO) vom 27.10.1998
Schleswig-Holstein	Leistungsstufenverordnung (LStuVO) vom 15.07.1999	Leistungsprämienverordnung (LPVO) vom 08.02.2000
Thüringen	Thüringer Leistungsstufenverordnung (ThürLStuVO) vom 22.03.2002	Keine Verordnung

* Bekanntmachung der Neufassung

(Bundesministerium des Inneren, Zusammenfassung der Ergebnisse zu der Umsetzung der Leistungsbesoldung, 2004.)

Anlage 6: Orientierungshinweise für die Implementierung

Was ist bei der Einführung von flexiblen Prämiensystemen zu beachten?

To-do-Liste

Kommunikation	
Notwendigkeit einer umfassenden Information der Beschäftigten	☐
Eindeutige Nachvollziehbarkeit und Transparenz der Kriterien für die Prämienvergabe	☐
Umsetzung	
Gewährleistung der finanziellen Mittel	☐
Realisierung von Pilotprojekten	☐
Einführung von Prämiensystem nicht nur für Beamte, sondern auch für Angestellte	☐
Methodik	
Für Ausschöpfung der zur Verfügung stehenden Prämien sorgen – auch durch Verteilung von Kleinstprämien – die auch kleine Leistungen honorieren	☐
Netto sollten die Prämien für Beamte genauso hoch sein wie für den Angestellten, d. h. Angestellte sollten 20% mehr erhalten (Sozialabgabenbelastung)	☐
Breite Einbeziehung der Beschäftigten bei der Möglichkeit Prämien zu erhalten	☐
Integration des Vorschlagswesens in das Prämiensystem	☐

Not-to-do-Liste

Kommunikation	
Unzureichende Information der Beschäftigten	☐
Unzureichende Information und Beteiligung von Personalrat	☐
Unzureichende Abstimmung mit kommunalen Arbeitgeberverband	☐
Unzureichende Abstimmung ÖTV	☐
Methodik	
Schnellschuß bei Planung und Realisierung	☐
Einseitige Einführung eines Prämiensystems nur für Beamte	☐
Verknüpfung der Regelbeurteilung mit Prämienzahlung	☐
Veröffentlichung der Prämienempfänger, auch nicht durch eine genaue Angabe der Ursache der Prämie, damit nicht indirekt auf Prämienempfänger geschlossen werden kann	☐
Insellösungen	☐

(In Anlehnung an: Barthel, T., Neues Verwaltungsmanagement, Berlin, 8/2004, S. 14f.)

***ibidem*-Verlag**
Melchiorstr. 15
D-70439 Stuttgart

info@ibidem-verlag.de

www.ibidem-verlag.de
www.edition-noema.de
www.autorenbetreuung.de

Zeitfracht Medien GmbH
Ferdinand-Jühlke-Straße 7
99095 Erfurt, Deutschland
produktsicherheit@kolibri360.de